実践！トレサージ式

戦うサッカーボディの作り方

歩き方、呼吸、ボディケアでもっと強くなる！

奥村雷騎

白秋社

Raiki OKUMURA

奥村　雷騎

スポーツトレーニングジム「トレサージ」代表

MESSAGE | メッセージ

トレサージとは、「トレーニング」と「マッサージ」をミックスした、私が考えた造語です。

技術を磨き、筋力を鍛える以外にもサッカーをレベルアップさせる方法はあります。
それはピッチ上で強く速く戦えるサッカーボディを作り上げること。
一人でもできるトレサージ式のトレーニングを提案します。

『実践！　トレサージ式　戦うサッカーボディの作り方』――この書名を見て、「トレサージ」とはいったい何だろうと疑問に思った方も多いと思います。この聞きなれないトレサージとは、「トレーニング」と「マッサージ」をミックスしたもので、私が考えた造語です。

サッカーをプレーする人であれば、トレーニングの重要性は十分に理解されていると思います。本書でもそのトレーニングのベーシックな部分に焦点を当てています。と同時にマッサージ（ボディケア）も同じくらい重要なものだと私は考えています。

本書はサッカーのテクニック、戦術面を追求し、解説したものではありません。サッカーをプレーする上で、まずはしっかりと知っておきたい身体的な部分にフォーカスしました。走り方ではなく、もっと前の段階である基本的な姿勢や歩き方を見つめ直し、呼吸について改めて意識してみようという提案です。え？　そんなことわかっているよ、とおっしゃる方もいるでしょう。しかし、姿勢、歩き方、呼吸、ボディケアといったごくごく当たり前のことの中にこそ、サッカー選手としてレベルアップするための重要な要素が隠されていると私は考えています。その当たり前のことをしっかりとトレーニングするのが、トレサージ式のメソッドです。

東京都小平市出身で、地元中学のサッカー部で
ボールを蹴る毎日でした

弱小チームでつねに地区大会敗退。
中学3年間、都大会に進出できず

サッカーをプレーしているみなさん、はじめまして。スポーツトレーナーでトレサージ代表の奥村雷騎です。

私もかつては、みなさんと同じようにサッカーが大好きで、寝ても覚めてもサッカーのことばかりを考えているような少年でした。5歳からボールを蹴り始め、小学校から高校のころまで、もっとうまくなりたい、もっと強くなりたいと毎日、練習に明け暮れていました。といっても強豪チームに所属したことはありません。全国大会といった大きな舞台の経験もありません。それでもハイレベルなサッカー選手になりたいとずっと夢見ていました。

高校1年のころ、思うようなプレーができず、試合に絡めない時期が続きました。自分にはもっと身体的な強さが必要だと感じ、自分なりにいろいろと調べ、見よう見まねで体幹トレーニングを行いました。地道に取り組んだ成果は徐々にプレーにもあらわれ、少しずつ当たり負けないようになり、球際で勝てる回数も増えていきました。スピード、スタミナともに以前よりアップし、トレーニングの成果を実感することができるようになったのです。そうなると不思議なもので、自信を持ってプレーすることができるようになっていきました。

もっと上を目指したい。本気でそう考えていた私は高校2年の終わりに1カ月ほど、イングランドへサッカー留学をしました。短い期間でしたが、ロンドンの小さなクラブでトレーニングに励み、プレーはもちろんのこと、サッカーに関する事柄を幅広く学びました。見るもの、接するものすべてが新鮮でした。中でも衝撃的だったのが、プレミアリーグのゲームでした。スタ

都立高校のサッカー部時代。
主なポジションはサイドバックでした

なかなかレギュラーポジションをつかめず、
ケガにも苦しんだ高校時代

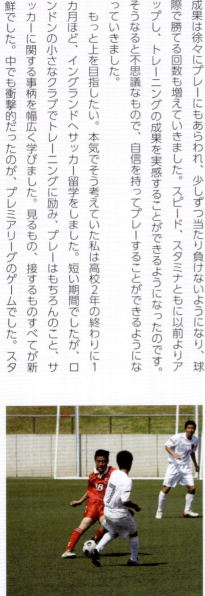

ジアムの最前列で観戦したのですが、プレーヤーの身体の大きさはもちろん、選手同士のぶつかり合う生身の音を間近で聞いて本当に驚きました。と同時にフィジカル（パワーやスピード）の重要性をいやが上にも思い知らされた瞬間でした。思い起こせば、あのときが今ある私の原点のひとつだったのかもしれません。

留学を終えて、高校のサッカー部に戻り、さぁこれから頑張ろうと思っていた矢先、足首とひざに大きなケガを負ってしまいました。特にひざのケガは致命傷で、全くボールを蹴ることができない日々が続きました。

ちょうど高校3年の夏。将来の進路を真剣に考えなくてはならない時期にさしかかっていました。否応なく自分と向き合わなければなりません。自分はどうすればいいのか、どんな道に進んだらいいのか、サッカーを続けるのか、やめるのか。初めてサッカー以外のことを考えなければならない日々が続きました。

ふっとある思いが浮かびました。自分の体験してきたことを生かすべきではないか。確かに自分はプロになれるようなレベルに達することができず、理想とするプレーヤーにはなれなかったけれど、もっと早い時期にサッカーのテクニックだけでなく、身体作りや栄養面など、今まで無関心だったところにも目を向けていたら、違ったサッカー選手になれていたかもしれない。強い身体を築けていたら、大きなケガも防げていたのかもしれない。であるなら、自分と同じようにケガでサッカーをあきらめてしまうような選手を一人でも救いたい。発展途上にある選手をもっとレベルアップさせる手助けが

高2の終わりにイングランドへ短期サッカー留学。
貴重な体験でした

プレミアリーグのトッテナム対ボーンマス戦を生観戦。
衝撃を受けました

私の使命は、
すべての人の伸びしろから
「成長できる」を引き出すことです。
そして、「明日の自分にワクワクする」を
ともに創ることにあります

できるのではないか。そんな思いから、身体や治療に関する専門的な知識を学ぶため、柔道整復師の資格を取得するために専門学校へと進みました。

専門学校での3年間はあっという間でしたが、学校で学ぶ以外にも自分なりにスキルを磨くため、接骨院などでアシスタントとして働き、実際に治療の現場を見て、先輩たちのスキルを観察し、経験値を高める努力を積み重ねました。スポーツトレーナーになるためのさまざまな技術をどん欲に吸収しようとアクションを起こし続けました。

専門学校を卒業する直前、柔道整復師の国家資格を取得したのを機に、思い切って個人事業主として開業届を提出。21歳で「トレサージ」を設立し、独立しました。わかりやすく言えば、大学生ぐらいの年齢で無謀にも自分の店をオープンさせたようなものです。実績はなく経験値も乏しいわけですから、いきなり〝繁盛〟するわけがありません。開業当初は業務委託をさせてもらった接骨院で週4日働き、残りの3日間を使って、スポーツトレーナーとしてアスリートの施術を行う日々が続きました。専用のスタジオがないため、公園など屋外の施設を利用したり、レンタルスペースを活用したりしながら、選手たちに接してきました。幸運だったのは、知人を通して同年代のJリーガーを施術する機会を得たこと。そこからネットワークを少しずつ広げていきました。２０２２年８月、都内に念願のスタジオを開設。Jリーガーや大学生のサッカー選手だけでなく、他にもフットサル、ラグビー、バスケットボールなど、さまざまな競技のアスリートのトレーニングやボディケアを行い、２０２４年５月、東京の中目黒にトレサージの新たなスタジオを

専門学校に通いながら、
週末はジュニアチームのコーチも経験しました

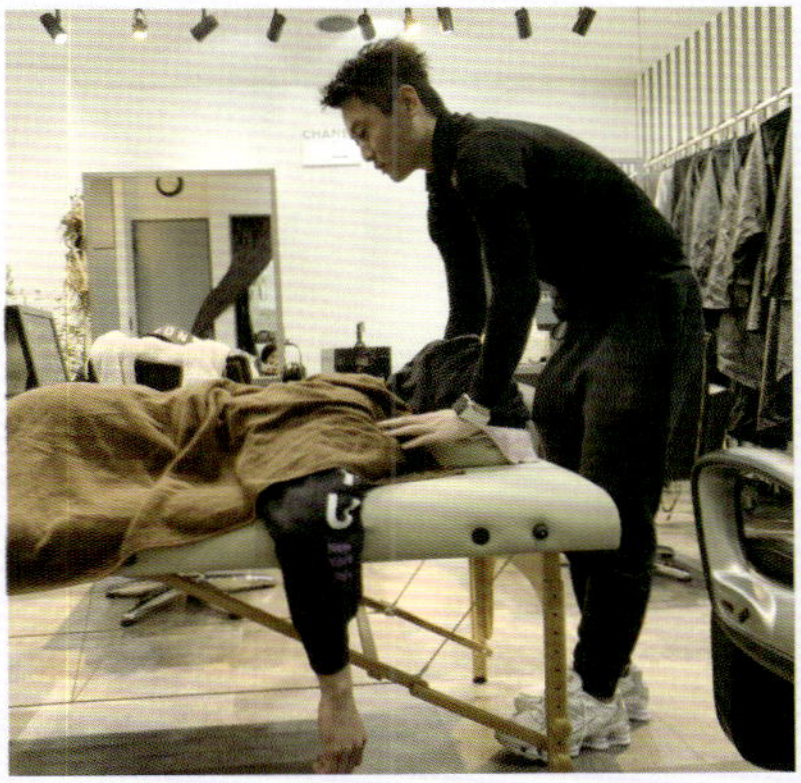

専門学校時代もアルバイトをしながら
現場でマッサージの経験を積みました

オープンさせることができました。

私の役目は、身体の専門家として、栄養指導、食事管理、睡眠指導、生活習慣の改善など、より快適な生活を送れるようにアドバイスすることにあります。ただ、それだけではなく、私には大きな目標があります。それはサッカー選手をはじめ、多くのアスリートのフィジカル全般をより強化して、それぞれの競技で1段階と言わず、2段階、3段階と大きくレベルアップしてもらうことにあります。

本書でも多くのページを割いて解説している歩き方は、特に力を入れているトレーニングのひとつになります。これには理由があります。イングランドでプレミアリーグの試合をみたとき、あるいはテレビでヨーロッパのサッカーを観ていて痛切に感じたのが、選手たちの姿勢の良さであり、歩き方の違いです。彼らは背筋を伸ばし、重心を高く保ちながら、とてもきれいに歩いています。明らかに日本のサッカー選手のそれとは違います。みなさんも一度、周りの人たちの歩いている姿をじっくりと観察してみてください。同様に自分がどのように歩いているのかを、家族や友人たちにスマホで動画撮影してもらうのもいいでしょう。胸を張り、腰を落とさず、足の運びもスムーズで理想的な歩き方をしている人がいる一方で、腰の位置が落ち、全体的な身体の重心が下がり、肩を大きく揺らし、ガニ股気味の歩き方をしている人もかなり見かけます。むしろこのようなタイプの歩き方のほうが多い印象です。最近は携帯電話を見ながら歩く〝歩きスマホ〟の人も多く見かけますが、歩き方としては最悪で、姿勢は悪くなる一方です。個人差はありますが、私

2024年5月に中目黒駅から徒歩5分の場所に
新スタジオを開設しました

最初に開設した麻布十番のスタジオは
マンションの小さな一室でした

たちは毎日、数千歩から多い人で2万歩以上とかなりの距離を歩くわけですから、背中を丸め、肩を揺らし、ガニ股で歩き続ければ、身体にとって負担が大きく、歩けば歩くほど疲れてしまいます。

２０２４年の夏、パリ五輪にU－23日本代表として出場した平河 悠選手も私のトレーニングを受けてくれた一人です。本書のインタビューでも、イングランドのクラブでプレーしている現在も、つねに歩き方を意識しながら、毎日の生活を送っていると話してくれました。姿勢が悪く、身体が硬いと自覚していた平河選手は、自分をもっとレベルアップさせるために歩き方を根本から見直そうとトレサージ式に取り組んでくれました。

サッカーにおいては、ボールを蹴る、止める、ドリブルをするといったテクニックは重要ですし、勝つためにはチーム戦術を理解することも欠かすことができません。そういったことを踏まえた上で、本書は「パフォーマンスピラミッド」という理論をベースに、私が考案した一人でもトレーニングできるメソッド「トレサージ式 身体の使い方ピラミッド」で身体をブラッシュアップし、ピッチの上でしっかりと戦えるサッカーボディを作り上げることを目的としています。何度も繰り返しますが、姿勢も歩き方も呼吸も日常生活を送るために誰もが行っている当たり前の基本動作です。その基本が乱れてしまったり、崩れてしまったりしていては、競技力（パフォーマンス）向上の妨げになってしまいます。本書がサッカー選手としてレベルアップするための、新たな「気づき」となり、みなさんの成長の大きな手助けになることを私は願っています。

CONTENTS

実践！ トレサージ式

戦うサッカーボディの作り方

歩き方、呼吸、ボディケアでもっと強くなる！

※本書は2024年9月現在の情報を元にしています

プロローグ①

パフォーマンスピラミッドとは何か？

土台の重要性を理解するところから始めよう

競技力を向上させるために重要なフィジカル＝パワー＆スピード

サッカーをプレーするみなさんはアスリートです。

アスリートであれば、誰しもがトレーニングを必要とします。ここで言うトレーニングとは、いわゆる筋力トレーニングや体幹トレーニングなどを指しますが、では、いったい何のためにトレーニングをするのでしょうか？　答えは人それぞれ、千差万《せんさばん》別《べつ》だと思いますが、突き詰めれば、おそらく全アスリートから同じ答えが返ってくるのではないでしょうか。

ずばり、「競技力（パフォーマンス）を向上させるため」です。

そのパフォーマンスを向上させるため、一生懸命、筋トレに汗を流し、筋肉量をアップさせ、身体を大きくしようと努力している選手がまだ一定数います。ただし、筋トレを熱心に取り組んだあまり、身体は大きく見えるようになったものの、その反面、身体が重くなったり、硬くなったりして、パフォーマンスの低下を招くケースも多く見られます。実際、私のスタジオに通ってくれている選手の中からも、「何も考えずに筋トレをやりすぎた結果、身体が重くなり、動きのキレがなくなってしまった」といった声をよく耳にします。

そのようにならないために必要なのが身体の使い方です。

身体の使い方がうまくなれば、パフォーマンスは間違いなく向上します。少なくとも現状よりも良い方向に向かうでしょう。

では、身体の使い方が重要な理由とは何なのでしょう。そもそも身体の使い方とはどのようなことを言うのでしょうか？　それを十分に理解していない選手が多いのではないかと思います。

身体の使い方が重要な理由と身体の使い方とは何かを理解できれば、今の時点よりも自分のプレーの長所を伸ばし、短所を補うためのトレーニングをすることができます。ここではまず身体の使い方とは何なのかを説明していきます。

フィジカルの土台となる身体の使い方に向き合う

アメリカの理学療法士で、2010年に発行された「ムーブメント-ファンクショナルムーブメントシステム」の著者であるグレイ・クック氏は「パフォーマンスピラミッド」を提唱しました。パフォーマンスピラミッドをかんたんに言えば、選手はパフォーマンスを高めるためにトレーニングを行いますが、それを向上させるには土台を大きくしなければならないという理論です。

家にたとえるとわかりやすいと思います。家を建てるとき、基礎と呼ばれる土台が安定していない状態で、上にさまざまな資

材を積み上げていっても全体は不安定になるばかりです。もし、地震などが起きたならば、すぐに崩れてしまうのは容易に想像できるでしょう。

身体やパフォーマンスも同じです。ケガをしやすい選手やパフォーマンスが伸び悩んでいる選手は土台がしっかりとしていないにもかかわらず、どんどんとハードなトレーニングばかりを積み上げている状態なのです。では、土台とはいったい何なのでしょうか。

それはフィジカルであり、身体の使い方です。

サッカーがうまくなりたい一心でドリブルやキックばかりを練習している人もいると思います。もちろん、ボールを扱う競技ですからテクニックは重要ですし、必要不可欠と言っていいでしょう。しかし、現代サッカーではパワーやスピードが求められており、単にボールを扱うテクニックがうまいだけでは通用しない世界になっています。

私がサポートしている大学生の中にも、「小学生のころは一番うまかったのに、中学生になると当たり負けをすることが多くなり、ライバルに差をつけられ、もっとテクニックに磨きをかけるために練習に取り組んだけれど、ライバルと差がつく一方だった」と苦しい胸の内を話してくれた選手がいました。

これは土台の部分に目を向けてこなかったために起きた例のひとつだと私は考えています。

レベルが高くなればなるほど、フィジカルは重要になってきます。究極的に言えば、身体が抜群に強く、足が抜群に速ければ、ピッチの上で大活躍することができるかもしれません。このような考え方をもとにパワーやスピードばかりを追い求めるあまり、筋トレをやりすぎて、「身体が重くなり」「身体が硬くなり」「ケガをした」といった話もよく聞きます。それらはパフォーマンスピラミッドが崩れている典型的な例だと思います。

フィジカルを支えている土台を大きくしなければ、ピラミッドのバランスは悪くなる一方です。

フィジカルを支える土台こそが身体の使い方です。

フィジカルを支える一番の土台を大きくしていくためにも身体の使い方に向き合わなければ、サッカーにおいて、もう一段階上のレベルにいくことはできません。

実際、ヨーロッパのプレミアリーグ（イングランド）、リーガ・エスパニョーラ（スペイン）、セリエＡ（イタリア）といったビッグリーグで活躍している一流選手の多くからは、「身体が大きいのに速い」「身体が細いのに強い」、「強く当たられてもケガをしない」といった印象を受けます。これはすべて身体の使い方がうまく、上手にコントロールできているからなのです。

このような考え方や理論が２０１０年以降、日本でも広く知られるようになり、元々、身体の使い方などの重要性をよく理解していたトレーナーたちが、選手たちに対して積極的にアプローチするようになりました。最近では身体の使い方の重要性をＳＮＳなどを使って発信しているトレーナーも増え、日本代表クラスの選手たちもパーソナルトレーナーをつけて、身体の使い方をどん欲に学んでいます。

サッカー選手として実際にプレーしているみなさんの中にも身体の使い方が大事だと感じている人はとても多いと思います。しかし、身体の使い方とは具体的に何を指しているのか、自信を持って答えられる選手はほとんどいません。

本書では、その身体の使い方とは何なのかをわかりやすく具体的に説明していきたいと思います。

トレサージが考えるパフォーマンスピラミッド ～土台の重要性を理解する～

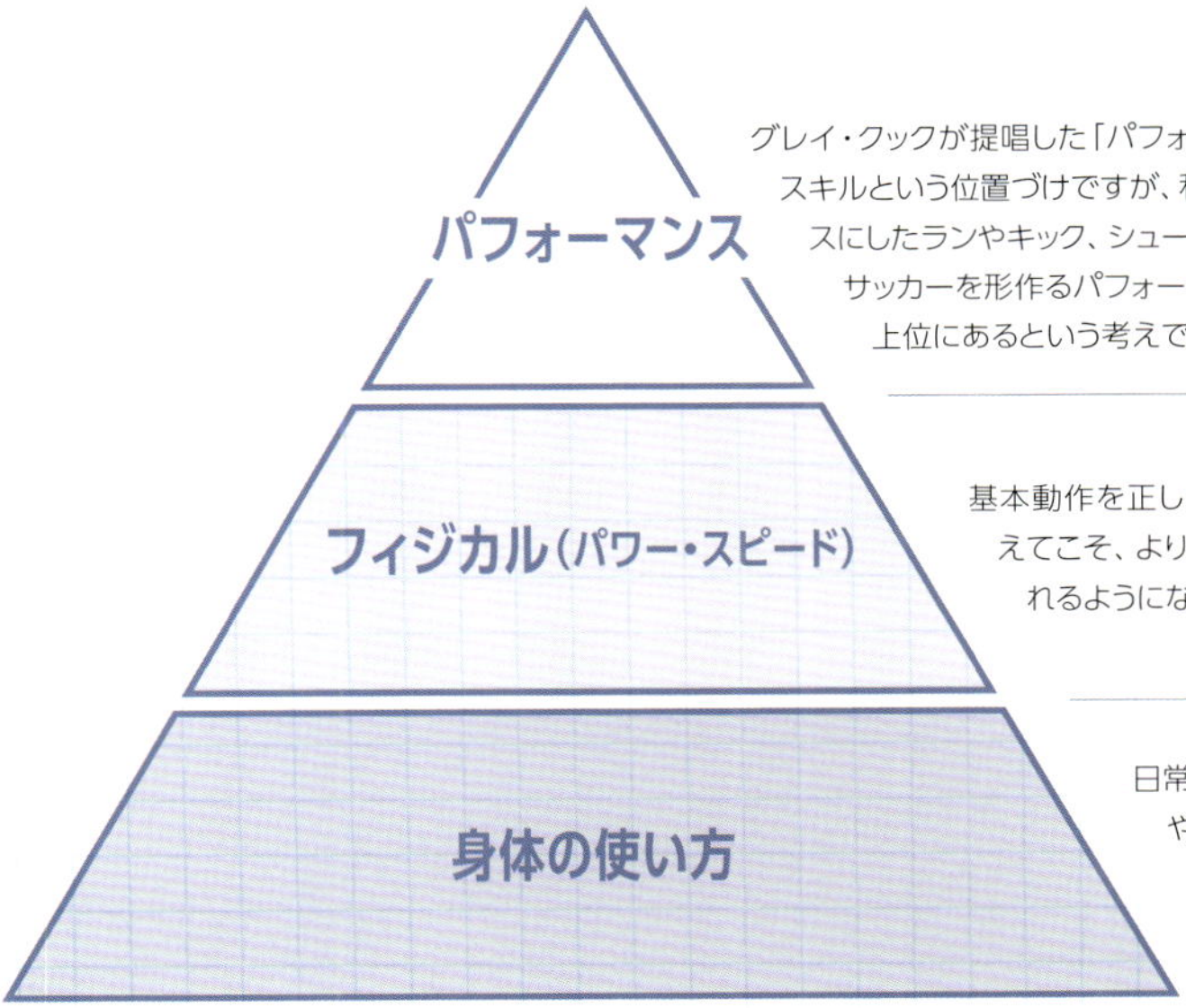

グレイ・クックが提唱した「パフォーマンスピラミッド」ではスキルという位置づけですが、私は強いフィジカルをベースにしたランやキック、シュート、そしてスキルを含めたサッカーを形作るパフォーマンス全般がピラミッドの上位にあるという考えで取り組んでいます

基本動作を正した上で身体を効果的に鍛えてこそ、より強じんなフィジカルを得られるようになります

日常的な基本動作である姿勢や呼吸などの乱れを正すことがパフォーマンスピラミッドの土台となります

参考文献：グレイ・クック（2014）「ムーブメント-ファンクショナルムーブメントシステム」ナップ

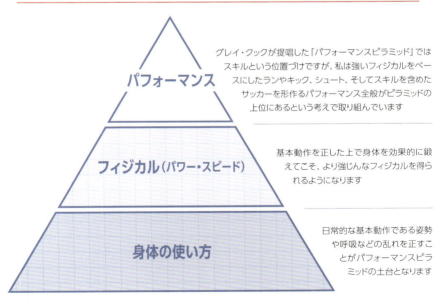

プロローグ②

トレサージ式

身体の使い方ピラミッドとは何か？

フィジカルの土台を築き上げていこう

パフォーマンスの鍵を握る姿勢、歩き方、呼吸

身体の使い方が大事だと言われても、具体的に何をどうすればいいのかを答えられる人はなかなかいません。私のスタジオに通ってくる選手たちにも必ず最初に質問するのですが、パーソナルトレーニングに通うくらい意識の高い選手であっても、「体幹」「柔軟性」と答えてくれる選手がたまにいる程度に過ぎません。もちろん「体幹」も「柔軟性」も重要ですし、決して間違った答えではありませんが、身体の使い方もまたピラミッド構造になっていると私は考えています。ピラミッドですから、土台が重要であり、土台をおろそかにしていると身体の使い方は機能しません。

身体の使い方における土台とは、姿勢であり、歩き方であり、呼吸の仕方です。

これらは日常生活を送っていく上で誰もが無意識に行っているごくごく当たり前のことです。だからこそ姿勢や歩き方、呼吸といった基本動作が乱れていると、トレーニング動作もスムーズにいきません。結果的にプレー中の動きが崩れ、パフォーマンスは低下していきます。しかし、姿勢や歩き方、そして呼吸も意識してコントロールすることが可能です。

普段の姿勢や歩き方を改善すれば、身体の筋肉のつき方が変わります。

アンバランスな筋肉のつき方をしている人は、このような日常的な基本動作である姿勢、歩き方、呼吸が正しく行われていな

い状態だと言えます。海外のトップリーグでプレーするサッカー選手と日本のサッカー選手の脚を見比べてもらうと気づかれるかもしれませんが、海外の選手の脚はあまり太くありません。むしろ細い傾向にあります。逆に日本の選手の脚のほうが太かったりします。ところが、パワーという点では海外の選手のほうが圧倒的に大きい。これは筋肉のつき方が違うからなのです。普段の姿勢、歩き方の違いが筋肉のつき方の違いにつながり、パワーやスピードの違いにもなります。

　また、普段の日常生活の呼吸の仕方が間違っていると疲れたとき、さらに乱れた呼吸になってしまい、回復力が損なわれ、プレーの質も落ちてしまいますが、正しい呼吸ができていれば楽に動くことができます。特に長い走行距離が求められ持久力が必要とされるサッカーでは、呼吸の善し悪《あ》しがパフォーマンスの質に直結します。正しい呼吸を身につけられれば、今よりもずっと楽に走れるようになります。

土台をより大きくして さまざまな要素を積み上げる

日常的な基本動作である姿勢、歩き方、呼吸の仕方を身につけたら、次は柔軟性やバランスです。柔軟性を誤って認識

している選手も多く見受けられるため、競技につながるような正しい柔軟性を確保しなくてはなりません。身体が硬いままで、熱心に筋トレに取り組み身体を大きくしたら、取り返しがつかなくなってしまいます。私が施術している選手の中にもこのようなタイプの人がいますが、まずは柔軟性を取り戻すところからやり直しています。

　バランス能力も重要です。身体に力が入っていたら、いわゆる力んだ状態になっていたら、バランスを取ることが難しくなります。相手に押されてもバランスを取ってボールをキープできる選手にならなければなりません。身体が大きくなく、いや、むしろ小柄な部類のサッカー選手であるリオネル・メッシや引退したアンドレス・イニエスタといった世界的なスーパースターのプレーを思い浮かべていただければ、一目瞭然《いちもくりょうぜん》でしょう。彼らのプレーには力みを一切感じません。バランス能力を軽く考えていると、自分より身体が大きく、強い相手と対峙《たいじ》したとき、バランスを崩し、当たり負けてしまい、ケガをするリスクが一気に高まります。

この柔軟性・バランスの上にあるのが、連動性・重心です。

柔軟性をうまくパフォーマンスにつなげていくためには連動性が必要です。柔軟性があり、連動性が高まれば、必然的にパワーが上がります。キックがいい例で、柔軟性があるだけではキック力は上がりませんが、そこに連動性が組み合わさるとボールにうまくパワーを伝えることができ、キック力は向上します。

　そして重心です。重心は低いほうがいいと以前はよく言われていましたが、これは大きな間違いです。サッカーなどの走力が重要視されるスポーツでは重心は高く保っていなければなりません。高重心だと動きやすくなるのはイメージできると思いますが、コンタクトをするときにも重心を高くキープしていたほうがより効果的なのです。重心を高く保つために使われる筋肉は広背筋（背中の一部の大きな三角形の筋肉）、殿筋群《でんきんぐん》（お尻の筋肉の総称）、ハムストリングス（太ももの裏側の筋肉）などの身体の裏側の筋肉です。それらはパワーを生み出す筋肉ですから、重心が高いほうがコンタクト時により威力を発揮できるわけです。実際、ヨーロッパのビッグリーグの選手の多くは、コンタクトするときも重心を高く保っています。姿勢や歩き方から重心を高く変えていかなければなりませんが、プレー中となるとまた難度は上がります。

　その上に積み上がるのが体幹です。体幹を鍛えると身体が強くなるので間違いなく必要な要素ではありますが、体幹がピラミッドの中でも上のほうに位置するのには理由があります。バランスや連動性がないまま、体幹ばかりを強化してしまうと力みが強くなり、動きが硬くなってしまいます。その結果、臨機応変に身体が対応できなくなってしまうのです。

土台を大きくした上で体幹を鍛えなければバランスが崩れてしまいます。

土台を大きくした上で行う体幹のトレーニングは身体を強化してくれるので、パフォーマンスを大きく向上させてくれます。これらが積み上がることで、ようやくパワーやスピードがより発揮されるようになります。

本書では、この身体の使い方ピラミッドの中でも一番の土台であり、最も重要である姿勢、歩き方、呼吸の仕方を徹底的に解説していき、パフォーマンスを向上させていきます。

トレサージ式 身体の使い方ピラミッド ～フィジカルの土台を構築する～

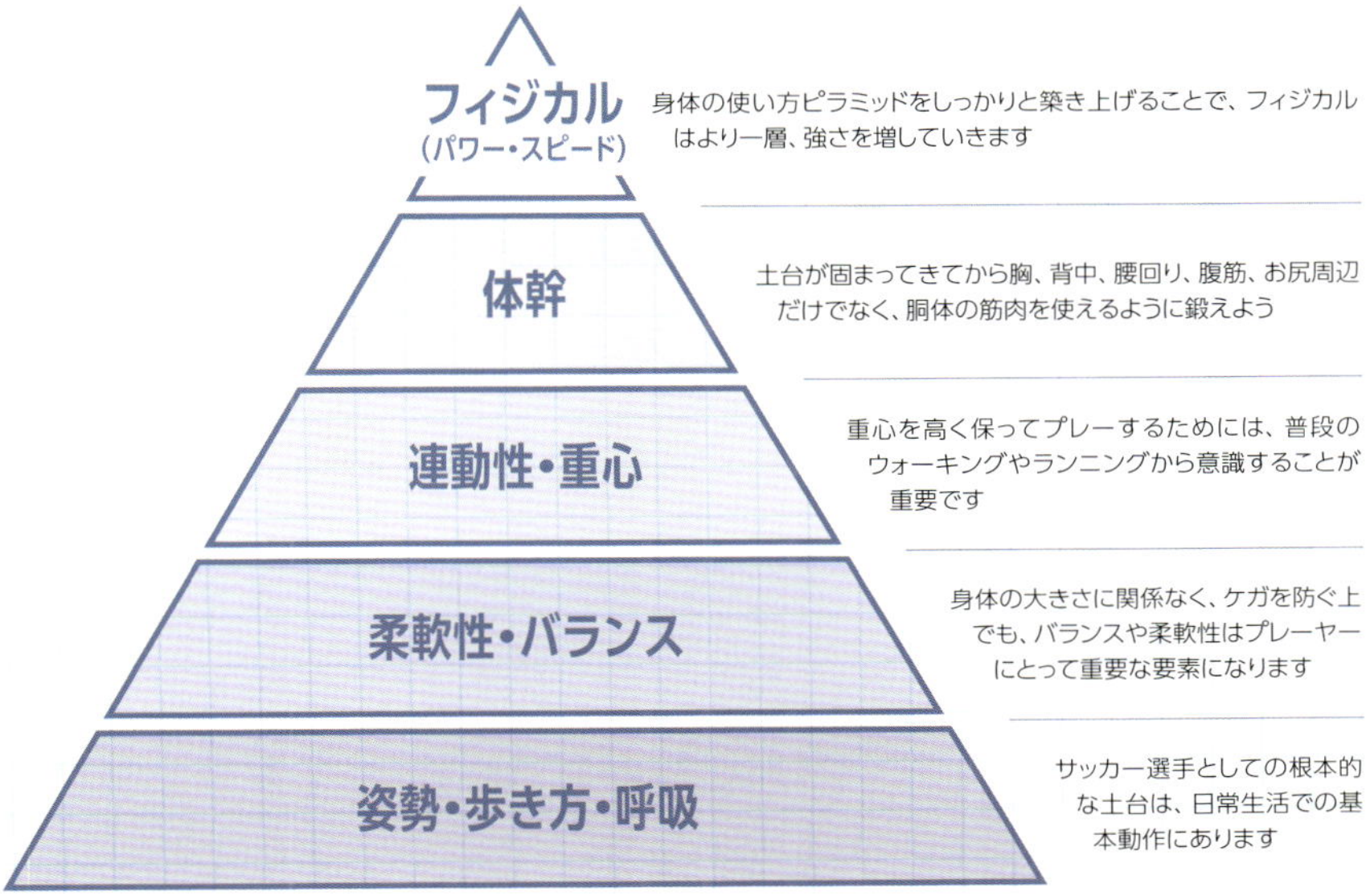
フィジカル
(パワー・スピード)
身体の使い方ピラミッドをしっかりと築き上げることで、フィジカルはより一層、強さを増していきます
体幹
土台が固まってきてから胸、背中、腰回り、腹筋、お尻周辺だけでなく、胴体の筋肉を使えるように鍛えよう
連動性・重心
重心を高く保ってプレーするためには、普段のウォーキングやランニングから意識することが重要です
柔軟性・バランス
身体の大きさに関係なく、ケガを防ぐ上でも、バランスや柔軟性はプレーヤーにとって重要な要素になります
姿勢・歩き方・呼吸
サッカー選手としての根本的な土台は、日常生活での基本動作にあります

CHAPTER

01

強くなるために自分の身体をよく理解する

～戦うサッカーボディを作る前に知るべき7つのポイント～

現代サッカーに合わせた身体作りをする

自分の身体のことは誰よりも自分が一番よく知っている。みなさんはそう思ってはいませんか？　ところが身体の仕組みについて問われるとどうでしょう。脚と腰や胴体がどのようにつながっているのかと質問されればチンプンカンプン。おそらくほとんどの人がそうだと思います。

より良いサッカーボディを作っていくためには、まず身体の構造をしっかりと理解する必要があります。私たちの身体は脳からの指令で動いており、脳が理解できない動きには反応できませんが、ちゃんと理解できていれば、見違えるような動きに変わります。

なにもサッカーに限った話ではありませんが、スポーツの世界には、これまで当たり前だと思われていた古い知識や習慣がいまだに根深く残っており、それらがパフォーマスの低下を招いている要因のひとつにもなっています。例えば、柔軟性、重心、筋力トレーニング。柔軟性を高めるために前屈や開脚といったストレッチを熱心に行っても、パフォーマンスの向上にはそれほど直結しません。相手選手とコンタクトをする際には重心を低く落とせと言われがちですが、世界のトッププレーヤーで重心を落としているような選手は、今ではほとんどいません。筋トレを一生懸命にやりすぎた結果、確かに見た目には立派な筋肉がついたように見えますが、逆に身体が重くなり、動きのキレを失ってしまったという話をよく耳にします。

このような間違った認識を改め、現代のサッカーに合わせた身体作りをすることができれば、パフォーマンスは確実に向上していきます。

身体を動かす筋肉を知ろう

サッカー選手なら知っておくべき8つの筋肉

身体の主な筋肉（表面）

❶ 横隔膜《おうかくまく》

呼吸するときに使う大きな筋肉で、息を吸い込むときは横隔膜が収縮し、息を吐くときは横隔膜が緩んだ状態になります。

**❷ 腸腰筋《ちょうようきん》
(大腰筋《だいようきん》、小腰筋《しょうようきん》、腸骨筋《ちょうこつきん》)**

腸腰筋は3つの筋肉の総称で、上半身と下半身をつなぐ唯一の筋肉です。股関節や太ももを動かす重要な役割を果たしています。

❸ 内転筋《ないてんきん》

太ももの内側から、ひざの内側にかけてついている筋肉で、ランニングはもちろんのこと、キックする際の重要な筋肉です。

❹ 大腿四頭筋《だいたいしとうきん》

太ももの前面にある大きな筋肉で、歩いたり、階段を上ったりする際は重要ですが、サッカーにおいてはあまり使いたくない筋肉です。

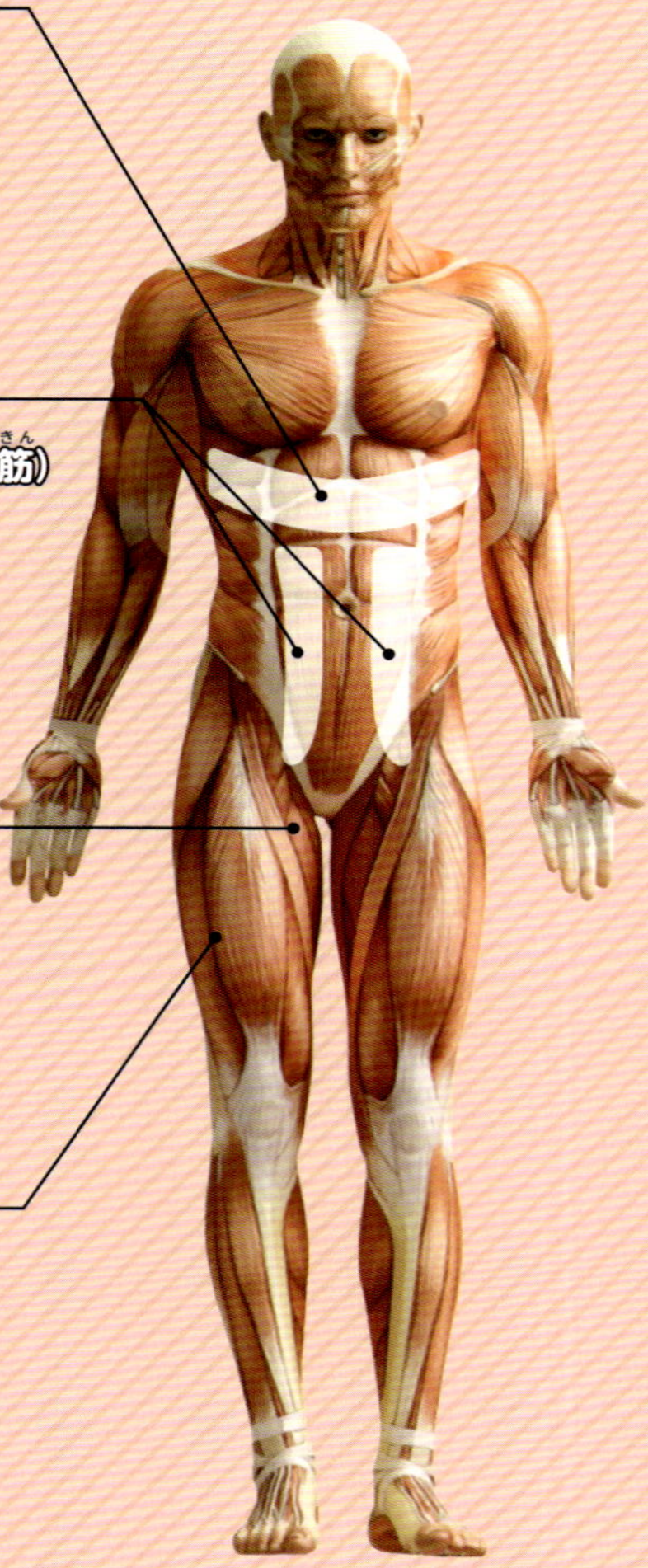

筋肉にはさまざまな役割があります。代表的なものを挙げると、筋肉のおかげで、身体の姿勢を安定させることができ、筋肉の中に張り巡らされた血液を心臓に戻す大切な役割を果たしています。熱を生み出し、代謝を上げてくれるほか、水分をたっぷり蓄えてくれるタンクにもなります。転倒しても衝撃から身を守ってくれますし、さまざまな異物から身体を守る免疫力があるのも筋肉のおかげです。人体には約600を超える筋肉が存在しますが、その中でもサッカー選手ならば、覚えておくべき8つの筋肉があります。

身体の主な筋肉（背面）

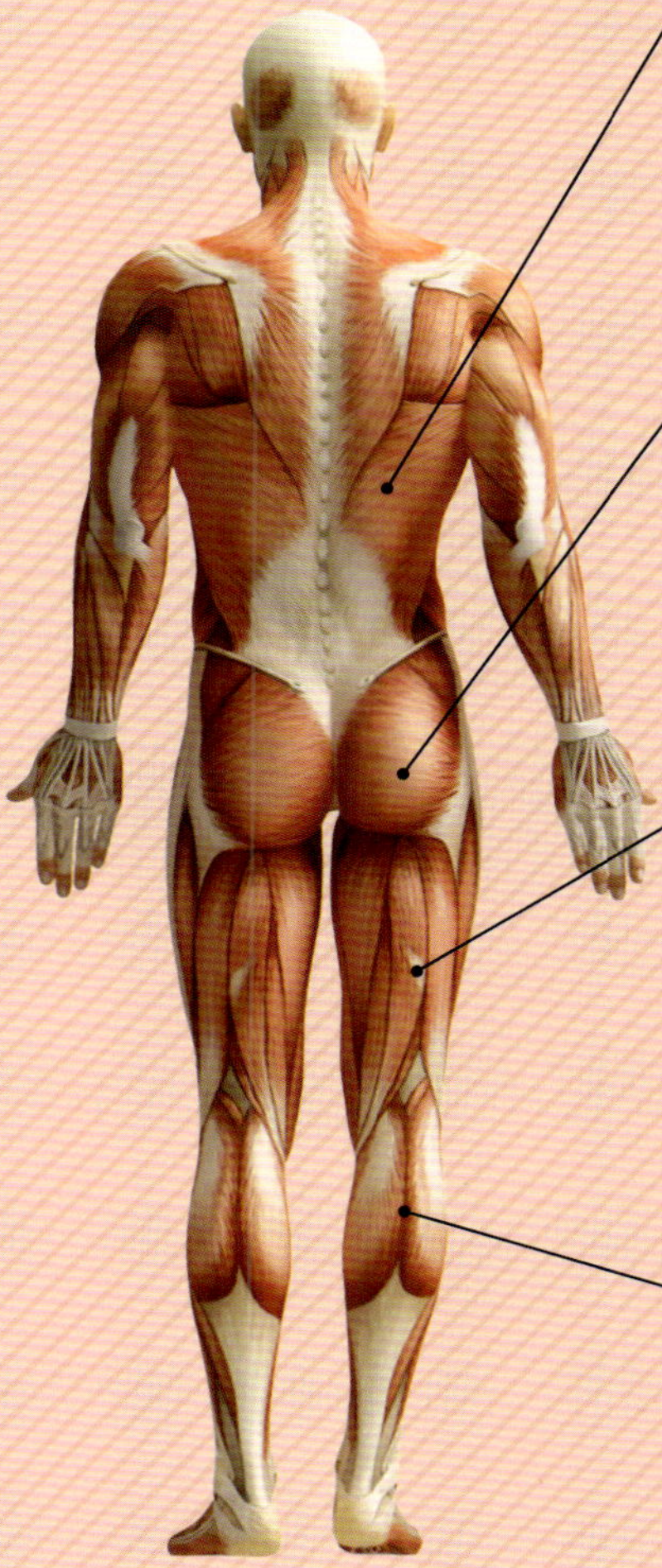

⑤ 広背筋《こうはいきん》

背中を覆う大きな筋肉で、脇の下周辺から腕の骨にかけてつながっています。相手を腕でブロックするときに効果的に使います。

⑥ 大殿筋《だいでんきん》

お尻の筋肉で、立ったり歩いたり、姿勢を維持するときに必要な筋肉です。股関節についている大きな筋肉でパワーの源になります。

⑦ ハムストリングス（大腿二頭筋《だいたいにとうきん》、半腱様筋《はんけんようきん》、半膜様筋《はんまくようきん》）

お尻の付け根から太ももの裏側や、ひざの裏側周辺にある筋肉です。走るときに最も重要な役割を果たしています。

⑧ 下腿三頭筋《かたいさんとうきん》

ふくらはぎの筋肉で、身体のバネに大きく関わってくるため、ランニングやダッシュ、ジャンプなどの動きに大きく影響します。

POINT　身体全体の筋肉を満遍《まんべん》なく鍛えよう

筋肉は人体の中に約600以上あると言われており、その一つひとつが重要な役割を果たしています。脚を使うサッカーにおいては下半身の筋肉が重要だと思われがちですが、上半身もとても大事です。身体全体の筋肉を満遍なく鍛えて、使えるようにすることがプレーヤーには求められます。

身体を動かす関節の動きを知ろう

サッカー選手なら知っておくべき10の関節

関節の主な役割（表面）

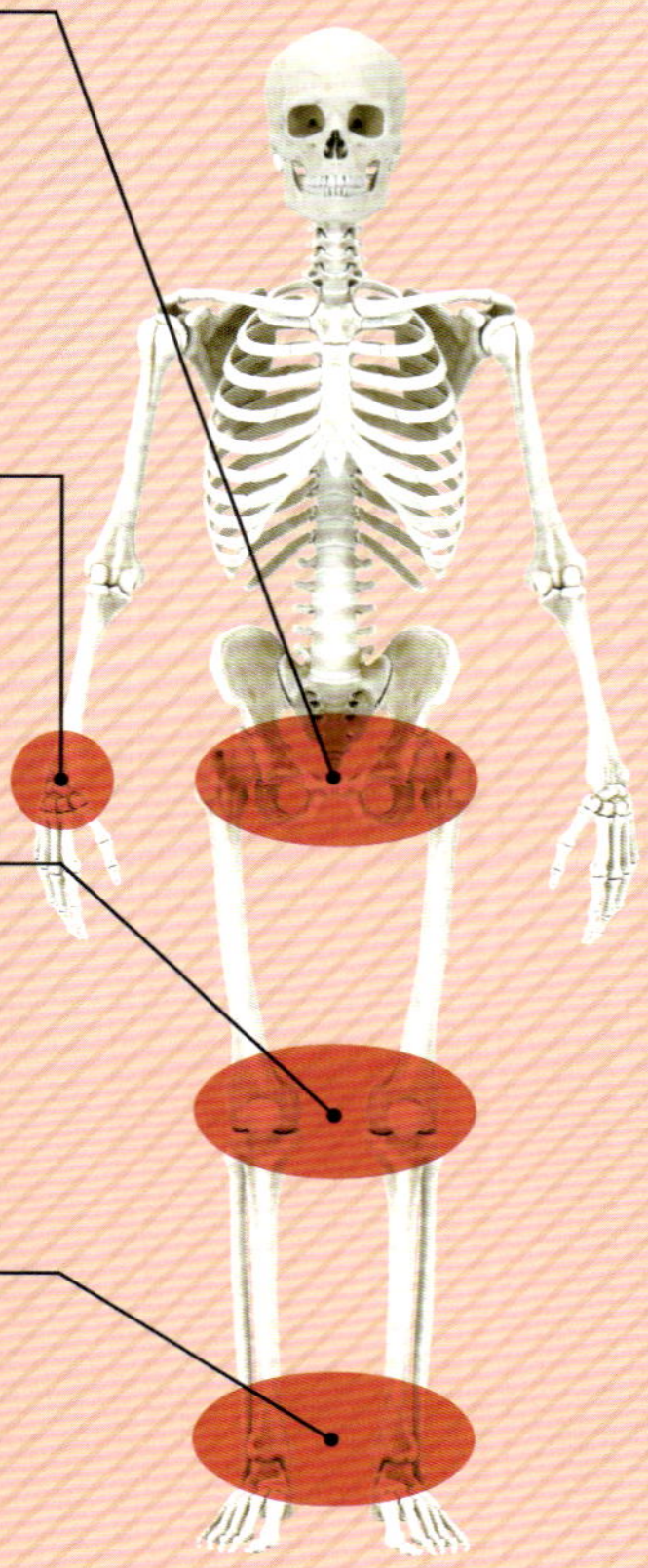

❶股関節《こかんせつ》：可動性

身体の中で最も大きな関節で体重を支え、歩く、立つ、しゃがむなど足の基本動作の基盤となり、身体のキレにも関わります。

❷手関節《しゅかんせつ》：可動性

手首を曲げたり伸ばしたり、手のひらを回転させる動作を行います。サッカーでは転んだ際、有効に使います。

❸膝関節《ひざかんせつ》：安定性

ひざは安定性のある関節なので、不安定に動いてしまうとケガにつながりやすく、太ももにも疲労がたまってしまいます。

❹足関節《あしかんせつ》：可動性

つま先を上下に動かす関節だけにキックで重要です。可動性がないと足首をひねって痛めてしまいます。

人間の身体は206の骨の組み合わせによって成り立っています。身体を支えることはもちろんのこと、多くの内臓を保護したり、カルシウムなどのミネラル分を骨内に貯蔵したり、それぞれにいろいろな役割があります。前ページで解説した筋肉と連動して、運動時には驚くべき機能を発揮します。自分の首や腰、股関節などには、サッカーをする上で主にどんな役割があるのか、理解しておくとケガの予防にもつながります。

関節の主な役割（背面）

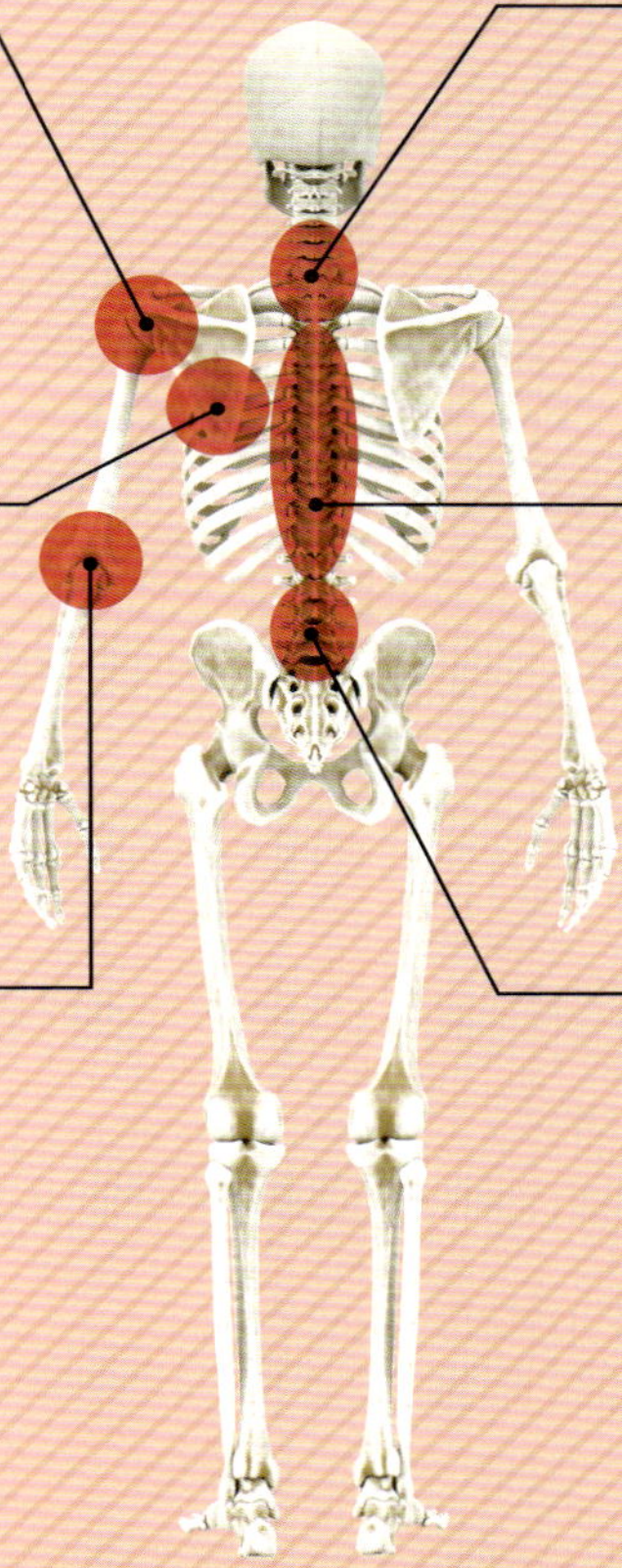

⑤ 頸椎《けいつい》：安定性

頸椎が安定した状態では頭が前に出ませんが、安定を欠くと頭が前に出てしまい、頭の重さで、動きが遅くなってしまいます。

⑥ 胸椎《きょうつい》：可動性

正しく動かせば、身体の反転や動きのキレが良くなりますが、硬くなると腰や首への負担が大きくなり、ケガにつながります。

⑦ 腰椎《ようつい》：安定性

安定すると呼吸で重要な腹圧が高まりやすくなりますが、安定性を欠くと腰のケガを引き起こす可能性が高い関節です。

⑧ 肩関節《かたかんせつ》：可動性

腕を振る際に使う可動性のある関節なので、走りにおいてはスピードに影響を及ぼします。また脱臼になりやすい関節でもあります。

⑨ 肩甲骨《けんこうこつ》：安定性

肩関節を動かす役割があるので、安定性を欠いてしまうと相手をブロックする動作がうまく機能しなくなります。

⑩ 肘関節《ひじかんせつ》：安定性

腕を曲げたり伸ばしたり、前腕を回したりする際に使う安定性の高い関節ですが、不安定になると肩に影響を及ぼします。

POINT 歩きや走りに影響のあるひざの関節は特に注意する

膝関節は本来、安定性のある関節なのですが、私たちの多くはひざから先に動かして歩いているため、可動性の高い関節になってしまいがちです。そうなると他の関節に負担がかかり、ケガを引き起こす大きな要因になる場合があります。

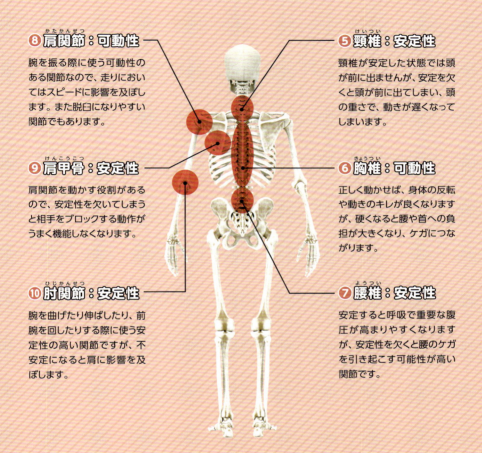

身体の柔軟性と可動性

可動性の重要性を認識しよう

柔軟性

柔軟性と可動性を同じような意味でとらえている人も多いと思いますが、両者は似ているようで大きく違います。柔軟性は筋肉がどのくらい伸び縮みできるかであり、可動性は関節をどのくらい動かせるかということ。サッカー選手の場合、どうしても柔軟性を求めがちで、前屈や開脚といったストレッチで柔軟性を高めようとしますが、筋肉のことですから柔軟性はコントロールできない場合もあります。対して可動性はある程度、トレーニングの加減でコントロールできます。柔軟性ばかりを追い求めると可動性が疎かになり、その結果、ケガを誘発するケースもあります。

可動性

身体の柔軟性が高く、前屈で頭がぴたりと脚につくほどに折り曲げたり、脚を大きく広げることができたりしても、そのような柔軟性は試合ではあまり役に立ちません。サッカーにおいては、P.24～25でも解説したように、股関節をはじめ、足関節、胸椎、肩関節、手関節といった関節が十分に動いて機能しなければ、良いパフォーマンスを発揮することはできません。筋肉の柔軟性を大前提として、関節の可動性を高めるトレーニングを行いましょう。

POINT 柔軟性も可動性も準備運動を必要としている

柔軟性と可動性は異なると説明しましたが、どちらも柔らかさに欠けるとケガをする可能性が高まります。ですから、練習前や試合前は十分に筋肉をほぐすことが重要であり、また股関節や足関節、肩周辺の肩関節の可動性を十分に高める準備運動が必要です。

自分の身体を理解しよう④

筋肉と重心の関係性

重心が変わると筋肉のつき方が変わる

筋肉の重要な役割のひとつは、姿勢を保つことです。筋力を維持することで身体の重心を一定にキープし、姿勢の崩れを防ぐことができます。一方で、年齢に関係なく、筋力が弱まると重心が不安定になり、姿勢が悪くなり、場合によっては転倒など、大きなケガにつながるケースもあります。重心が変わると筋肉のつき方が変わります。筋肉と重心には深い関係性があるのです。

良い例

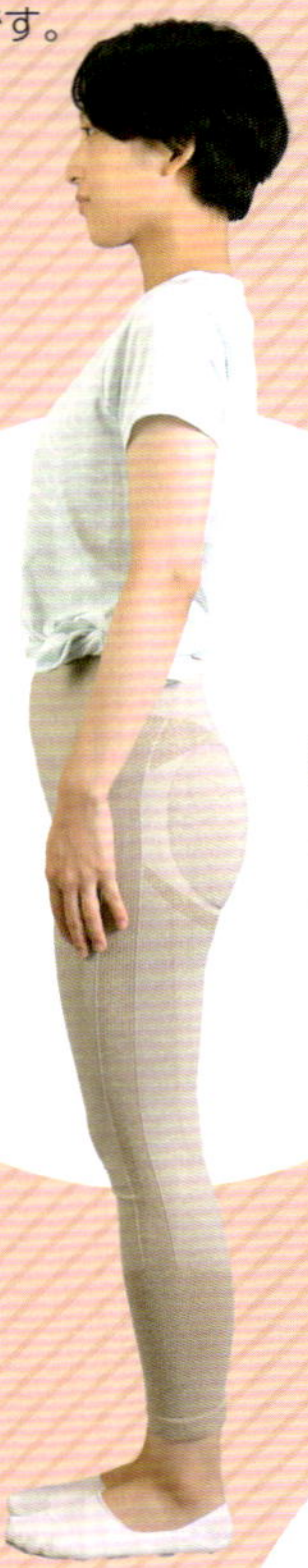

姿勢が高く、重心も高い状態 ◎

→プレーする場合、
ほとんどはこの状態が理想的です

姿勢は低いが、重心は高い状態 ◎

→腰を落とさなければならない場面は
この状態が理想的です

悪い例

姿勢は高いが、重心は低い状態 ×

→この状態が続くと姿勢が悪くなってしまいます

姿勢が低くて、重心も低い状態 ×

→この状態だと姿勢が悪く、
動きも当然、遅くなります

POINT 重心を高く保つとプレーがよりスピーディーになる

サッカー選手にとって重心を高く保つメリットはたくさんあります。まず、身体に無駄な力が入らないので、力むことが少なくなり、素早い動きができるようになります。また姿勢が良くなることで、顔を上げてプレーするようになり、視野も確保しやすくなります。

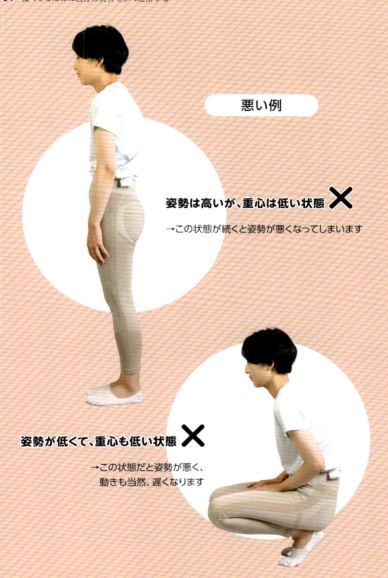

体幹の重要性を知ろう

体幹が強い＝身体の安定性が高い

体幹の効果

電車やバスに乗っていて急ブレーキがかかったりすると、ほとんどの人は体勢を崩してしまいます。しかし、体幹が強い人はそれほど体勢が崩れず、グッと踏みとどまることができます。サッカーの場面を例に挙げると、日本代表の三苫 薫選手がドリブル突破を試みる際、相手選手から強引にユニフォームを引っ張られることが多々あります。それでも倒れずにプレーを続行できるのは、体幹がとても強いからなのです。体幹が強いとは、体幹部の安定性が高いことを言います。そもそも体幹とは首から上と腕や脚を除いた胴体部全体を指し、胸や背中、肩回り、お尻などもすべて体幹となります。サッカーをする上でとても重要な部位であることをよく理解しましょう。

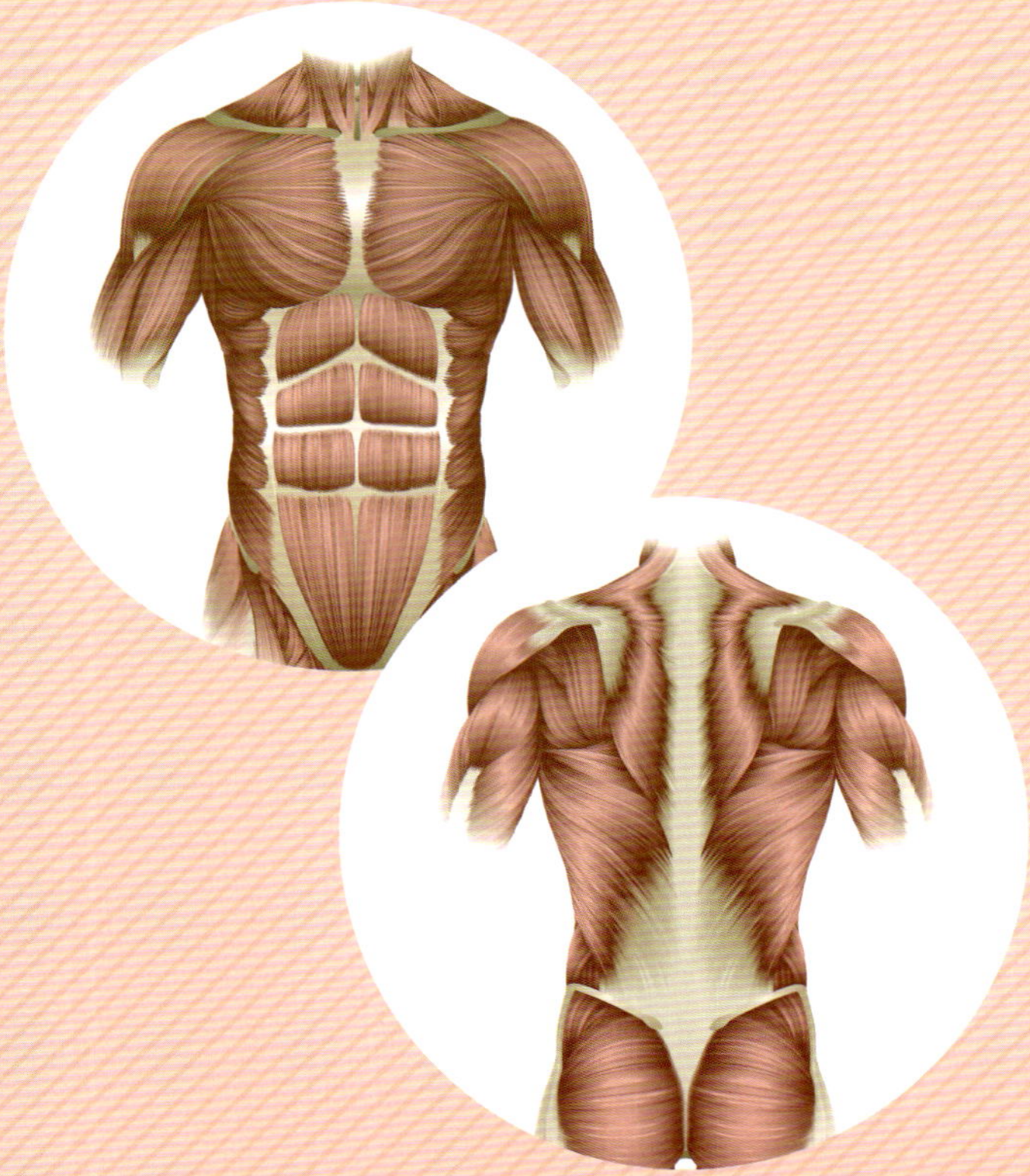

体幹を鍛える

代表的な体幹トレーニングにプランクがあります。うつ伏せになって前腕、ひじ、つま先を地面につけ、その姿勢をキープするやり方で、腹筋やその周りの筋肉を鍛える上で有効なトレーニングとして広く知られています。しかし、過度なプランクによってお腹回りをカチカチに筋肉で固めてしまうと、逆に身体は安定性を欠いてしまいます。サッカーをする上では、体幹部に強く身体を当てられても転ばないような、いなすような柔らかさも必要です。プランクなどで体幹を固めるだけではいけないことも覚えておいてください。

POINT 成長過程に合わせた頻度でトレーニングする

やみくもに体幹トレーニングをやっても実は効果はありません。ついつい毎日のように行うことで、オーバートレーニングによる疲労の蓄積やケガのリスクも高まってしまいます。その効果を最大限に引き出すためには各人の成長過程に合わせて、適切な頻度で行う必要があります。

重い筋肉はサッカー選手に必要なし

身体は目的に応じて、正しく鍛えていこう

サッカー選手にふさわしくない身体

筋力トレーニングは身体を変える上でとても有効です。筋肉を発達させ、身体を強くしてくれるからです。大きく育った筋肉は筋トレの成果を雄弁に物語ってくれます。しかし、どのような目的で筋トレを行うのか、その点を履き違えてはいけません。ボディビルダーをめざすのなら、筋肉を大きくし、見た目にも美しさを求めなければならないかもしれませんが、サッカー選手にとって大きすぎる筋肉、重すぎる筋肉は身体の負担にしかなりません。筋肉が大きく重くなってしまった結果、スピードアップの足かせになり、素早い動きの妨げになってしまいかねません。

サッカー選手にふさわしい身体

サッカー選手にボディビルダーのような筋肉は必要ありません。ヨーロッパや南米などの世界のトップレベルで活躍している選手は筋骨隆々というより、身体全体がしなやかなイメージの選手が多い印象です。もちろん、個人の体格差やポジションの違いによる身体的な違いはありますが、全体的にシュッとしていて、太ももやふくらはぎも細かったりします。だからといって、ひ弱なわけではありません。むしろ大きなパワーを秘めています。サッカー選手として有効な身体をこれから作っていく上で、とても参考になる存在だと思います。

POINT 重い筋肉はスピードを失わせる元凶となる

パワーを求める公式にはさまざまな解釈がありますが、私が基準に置いているのは「パワー=重さ×速度」。100キロのバーベルを1の速度で引き上げるがボディボルダーならば、50キロを3の速度で引き上げるのがサッカー選手のパワーだと考えています。ピッチ上では後者のほうがより有効なパワーです。

理想のサッカーボディを作り上げる

継続したトレーニングで新たな自分に変身する

サッカーボディ・Before

大学2年のときにトレサージに来るようになった古澤ナベル慈宇選手は、高校時代から継続的に筋力トレーニングを行ってきたため、元々身体も大きな印象でした。しかし、私のもとでトレーニングを受ける前は、どちらかと言えば、主に表側の筋肉が発達していました。

サッカーボディ・After

トレサージでは、彼のクセのあった歩き方や乱れていた呼吸パターンなどを徹底的に改善していきました。長くトレーニングを受け続けた結果、主に身体の裏側の筋肉が分厚くなり、上半身、下半身ともに強さが増しました。パッと見た印象でも姿勢が良くなり、身体全体も適度なサッカーボディに変化しました。

POINT 栄養と休息をとりながらトレーニングを続ける

サッカー選手としての理想的な身体を作るには、十分な栄養と休息をとりながら、トレーニングを継続して行わなければなりません。誰もがわかっている当たり前のことですが、それが難しいのです。私も選手たちによく言います。「継続は力なり」なのです。

COLUMN

戦うサッカーボディを作るヒント①

「栄養」

タンパク質と塩を積極的に摂取しよう！

身体を作る五大栄養素とは何か答えられますか？　答えは「炭水化物」「タンパク質」「脂質」「ビタミン」「無機質（ミネラル）」の5つ。健康的な生活を送りたいなら、これらをバランスよく摂らなければなりません。

本書は栄養の専門書ではないので、スポーツトレーナーの観点から、学生年代に必要とされながら不足しがちなタンパク質、そしてミネラルに焦点を絞ってアドバイスしたいと思います。

まずタンパク質ですが、アスリートにとっては身体を作る上で欠かせない栄養素であることはみなさんもご存じでしょう。ところがこのタンパク質、意識的に摂取しようとしなければ、なかなか体内に取り込めない栄養素なのです。ごくごく普通の食生活ではどうしてもタンパク質の量が不足しがち。食卓にのぼる身近な食材としては、納豆、豆腐、卵、鶏肉などが挙げられますが、これら以外に私がオススメしたいのが白身魚です。高タンパクで低脂質。消化にも優れており、タラ、タイ、カレイ、サケ、ヒラメなどが代表的な魚になります。もっと手軽に摂取したいというあなたにオススメなのが、魚肉ソーセージです。安価でコンビニなどでも手に入れやすい高タンパクかつビタミンも豊富な食品です。中でもスケソウダラのすり身で作られた魚肉ソーセージは練習後の補食としてもベストです。

ミネラルと書きましたが、ここではミネラルを構成するナトリウムである塩についてアドバイスしたいと思います。ひと口に塩と言っても大きく分けて2つあります。精製塩と自然塩（天然塩）です。精製塩は人工的に造られた塩で、加工食品などに使われることが多く、過剰な摂取は身体にも良くありません。

スポーツトレーナーとしては自然塩をオススメします。自然塩はミネラルのバランスが良く、身体をしっかりと動かすためには欠かせない要素のひとつになります。サッカー選手は練習でも試合でもとにかくよく汗をかきます。1リットルの汗をかけば、およそ3グラムの塩分が失われると言われています。体内の塩分が少なくなると筋肉の収縮に悪影響があったり、脚がケイレンしたり、身体にトラブルが起こりやすくなります。昨今の猛暑による熱中症対策として、厚生労働省も適切な水分および塩分補給を広く呼びかけています。アスリートならば、季節に関係なく水分補給だけでなく、塩の質にもこだわってほしい。日常生活から自然塩を摂取する高い意識と知識をもってもらいたいと思います。

サッカー選手としてエネルギッシュに動き回りたいのならば、バランスの良い食事を心がける中で、タンパク質と塩についてもグルメにならなければなりません。

CHAPTER

02

歩き方の大改革を始めよう

～サッカーボディはサッカーウォーキングで手に入れる～

自分の歩き方を根本的に見つめ直してみよう

あなたは今日どのくらい歩きましたか？　今は万歩計やスマホでかんたんに計測できるので、不明な人は試しに一度計ってみてはいかがでしょう。厚生労働省の発表では、日本人の歩数は1日平均で、男性６７９３歩、女性５８３２歩であり、20代に限れば、男性８３０１歩、女性６６４１歩という統計があります（令和元年国民健康・栄養調査結果の概要より）。これらのデータは全年代を対象にしているので、若者や働き盛りの世代ではかなり個人差はあると思いますが、アスリートならば1万歩から2万歩ぐらいを毎日歩いているのではないでしょうか。サッカーをプレーしている学生のみなさんならば、2万歩をゆうに超える歩数になるかもしれません。

　スニーカーのかかと部分の減り方もまた人それぞれです。かかとの内側部分が極端にすり減っている人がいれば、逆に外側からという人もいます。いずれにしても、決して正しい歩き方ではないことだけは確かだと思います。そのように正しくない歩き方を1日に何千歩、1週間に何万歩と続けていれば、身体のどこかに何らかの影響が出ているはずです。逆に言えば、正しい歩き方に修正することができれば、あなた自身の身体は大きく変わり、ひいてはサッカーのプレーにも変化が生じてくるはずです。

　この章では、歩き方のトレーニングを行う前に、歩き方についての理論を学んでいこうと思います。本書の核でもある「お腹から歩く」ということはどういう歩き方なのか。そしてそれは、サッカーのプレーにどのように影響していくのか。それらをわかりやすく説明していきます。

サッカーウォーキングの理論を学ぶ①

「お腹から歩く」とは？

体幹部と下半身を連動させて歩いてみよう

アスリートであるみなさんであれば、1日に1万歩から2万歩を歩いていると思います。毎日2万回も行う基本動作を正しいものに変えれば、身体は自然と変わっていきます。他のエクササイズでも毎日かなりの回数を継続して行えば、1カ月後には相当な変化が生じることはアスリートならば、イメージできると思います。

歩き方も正しく歩き、正しく筋肉を使えば、筋肉のつき方が変わってきます。1日2万歩、これを1カ月で計算すると60万歩、3カ月で180万歩、1年間で720万歩になる計算です。正しい歩き方は、年間で720万回もライバルと差をつけられる最高のトレーニングになるのです。しかも歩くことは移動するための手段として誰もが無意識に行っています。頑張ろうと思わなくても歩いています。他のエクササイズをこれだけ継続させようと思ったら、相当の覚悟と根性が必要になります。歩くことは無意識かつ当たり前のことなので、継続しやすいトレーニングです。

この際、周りの人の歩き方を観察してみてください。頭が前に出ていたり、ひざが曲がっていたり、背中が丸まっていたり、かかとをすって歩いていたり、正しく歩いている人はほとんどいません。アスリートであっても同じです。普段、誤った姿勢で歩いていれば、サッカーのプレー中の姿勢が崩れているのは当然のことです。

では、正しい歩き方とはどのような歩き方なのでしょうか。それは**「お腹から歩く」**です。SNSなどでトレーニングの情報を収集している意識の高い選手ならば、一度は聞いたことがあるかもしれませんが、サッカーウォーキングとして「お腹から歩く」ことを具体的に解説していきます。

まず、脚の付け根には股関節があります。その股関節から動かすことができれば、脚全体を使えるようになります。「股関節から歩く」といった言い回しを耳にすることもありますが、サッカーウォーキングはその一段上をいきます。

お腹から歩いている人は、体幹部と下半身（脚）がつながって歩いているように見えるのが特徴です。実際に身体には下半身（脚）と体幹部をつなぐ人体で唯一の筋肉があります。それが腸腰筋です。腸腰筋は1つの筋肉ではなく、大腰筋・小腰筋・腸骨筋の3つの筋肉の総称で、これらは股関節や太ももを動かす重要な筋肉です。この腸腰筋から股関節を動かし、脚を動かすことができれば、お腹から歩けるようになります。理由はその位置にあります。大腰筋・小腰筋・腸骨筋の3つの筋肉は1つにまとまって背骨・腰骨の前側から骨盤の内側、太ももの付け根の内側に付着するように通っています。腸腰筋を正しく使うと自然と背骨が伸び、背筋がピンと立つので背中が丸まるようなこともありません。下の図で見てもわかるように、おへそよりも上にある腸腰筋から脚を動かすようなイメージを思い浮かべながら、ひざを伸ばした状態で脚を動かすときれいな姿勢で歩くことができます。これが「お腹から歩く」ということです。

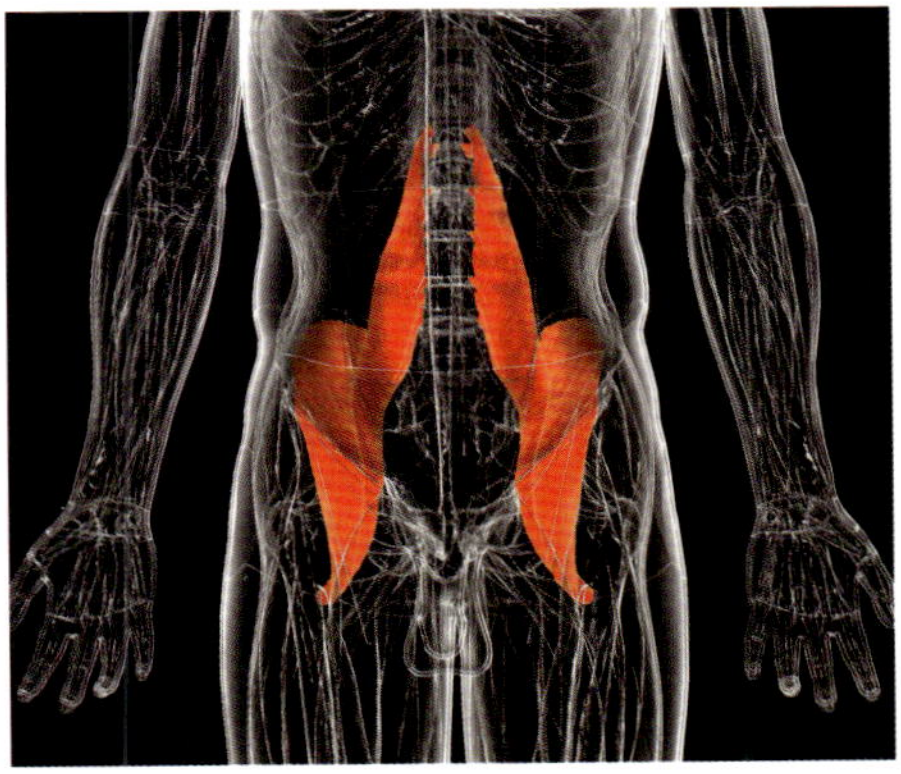

腸腰筋（ちょうようきん）はおへその上、背骨の下部あたりから股関節の内側についており、上半身と下半身をつなぐ唯一の筋肉です

POINT ガニ股、猫背になっていないか確かめる

最初は難しく考えずに自分の歩き方について確認してみよう。ガニ股になっていないか、猫背になっていないか。1日平均、何歩ぐらい歩いているのか。スニーカーのかかとの減り具合はどうなっているか。自分の歩き方に目を向けてみるところから始めよう。

サッカーウォーキングの理論を学ぶ②

サッカーにふさわしい姿勢

姿勢や重心、頭の位置に気をつけてみよう

サッカーにふさわしい姿勢とは、**「重心が高く」「お腹から動ける状態にある姿勢」**で、**「頭の位置が整った状態」**を指します。

重心が高いほうがいい理由は、サッカーは重心を高く保ってプレーするスポーツだからです。重心が高いほうがハムストリングス（太ももの裏側の筋肉）や殿筋群（お尻の筋肉の総称）、広背筋（背中の筋肉）といった身体の裏側の筋肉を十分に使えるので、パワーを発揮でき、身体全体も強くなります。「重心を低くしてコンタクトする」と小さいころから指導されてきた選手も多いと思いますが、コンタクトをするときも重心を高く保ったほうがパワーを発揮しやすくなるので、当たり負けしなくなります。理由は先ほど述べたとおり、身体の裏側の筋肉をうまく使えるから。裏側の筋肉はパワーを発揮するので、コンタクトの際も重心は高いほうが有利なのです。

プレー中、そのような姿勢を無意識に取るためにも歩き方が重要になってきます。お腹から歩くことができれば重心が高くなります。海外の一流の選手の歩き方を見れば一目瞭然ですが、どの選手もお腹から歩き、重心を高くした姿勢をキープしています。ですから自然と重心を高く保ってプレーしているわけです。重心が高くなることによるメリットは、筋肉の使い方が変わるだけではありません。**重心が高くなる＝姿勢が良くなる＝視野が広がる＝自分を大きく見せることができる**、とさまざまな良い効果を生み出します。

視野が広くなるは目線の位置が高くなるので、その分見える範囲が広がります。それによりプレーに余裕が生まれ、ミスが減ります。重心が高くなる分、姿勢が良く

なり、それだけ、自分を大きく見せることができるようになります。これはサッカーでは意外に重要な要素で、相手にプレッシャーを与える際、威圧感を強めることで、有利に戦うことができます。

頭の位置が整った状態とは、頭が前方に出ていない姿勢のことです。頭を支えているのは頸椎です。「身体を動かす関節の動きを知ろう」(P.24〜25)でも説明したとおり、頸椎は安定性の関節なので、頭が前に動いてしまったらその役割を果たせません。頭は思っている以上に重く、少しでも前に出てしまうと身体全体に影響が及び、スピードが鈍り、身体が重くなります。個人差はありますが、頭は体重の約10パーセントの重さがあると言われており、60キロの選手なら6キロになります。頭が2・5センチ前に出るごとに首や肩にかかる負荷は4キロほど増加すると言われています。これだけ重い頭を支えながらプレーをするのでは、やはり効率が悪くなります。現代社会ではスマホやＰＣの影響で頭が前に出ている人が大半です。私が見ている選手も9割以上が頭を前に出していました。その前に出ている頭を元のポジションに戻すだけでも、動きはがらりと変わります。

頭が前方に出ていて、
背中が丸まっており、
全体的に身体が前に傾いている

背骨がきれいに立っているので
姿勢が良く、頭の位置も
正しい位置にある

POINT **トッププレーヤーの姿勢を観察してみよう**

日本代表選手や海外のトッププレーヤーのドリブルやパスやキックといったテクニック面ばかりを追いかけるのではなく、ピッチを歩くときやプレー中の姿勢にも注目してみよう。そこに「サッカーにふさわしい姿勢」のヒントが隠されているかもしれない。

「お腹から歩く」方法を理解する

6つのポイントをイメージしながら歩いてみよう

お腹から歩く6つのポイント

「お腹から歩く」ためには、どのような手順、方法を採れば良いのか、ここでは細かく説明していきます

POINT 1

ひざを伸ばして着地をする

ひざを伸ばして着地をすれば、重心を高く保ちながら、太ももの前の筋肉に余計な力みが生じない状態で歩くことができます。逆にひざが曲がって着地をすると重心が低くなり、太ももの前でブレーキをかけてしまうので、太ももの前の筋肉への負担が増えてしまいます。

POINT 2

かかとから着地

かかとから先に着地することで、かかとをすってしまうのを防ぎます。かかとから着くといった意識に欠けると、かかとをすって歩いたり、つま先から着いたり、太ももの前の筋肉への負担が増してしまいます。

POINT 3

足の親指で最後まで地面を蹴る

かかとから着き、足の親指で地面を蹴り出すことでふくらはぎ、太ももの裏、お尻の筋肉を使いながら歩くことができます。足の親指で、最後まで地面を蹴るような動作ができないと、かかとをすって歩いてしまいます。

POINT 4

1本の線の上を歩くようにする

1本の線を歩くように意識すると身体に軸ができるので、安定した歩きになります。逆にそのような意識に欠けるとガニ股になってしまい、身体の軸がブレてしまいます。

POINT 5

ろっ骨を持ち上げる

ろっ骨を意識的に持ち上げることによって重心が上がり、お腹から脚を動かすことができます。ろっ骨を上げない状態では重心が低くなり、背中が丸まって猫背になってしまいます。

POINT 6

脱力をする

できるだけ身体全体の力を抜いて、筋肉への余計な負担を減らすことで楽に歩くことができます。意識しすぎて力んでしまうと、ロボットのようなぎこちない歩き方になってしまいます。

POINT ひざを伸ばして歩くことからはじめよう

私がトレーニングを行っている選手の多くも戸惑うのが、最初の「ひざを伸ばして着地をする」動き。ひざを曲げて歩くのがクセになっているため、簡単そうで意外に直すのが難しいポイントです。日常生活の中でつねに意識し、何度も繰り返して歩いてみてください。

デメリットだらけの歩き方

良くない歩き方の元凶は「ひざ」の動きにあり

ひざから先に動いて、ひざを曲げて歩く。これが最も避けてほしい歩き方なのですが、最も行われている歩き方でもあります。

ひざから歩くと大腿四頭筋（太ももの前にある筋肉）を主に使ってしまうデメリットがあります。ひざを曲げて着地してしまうと、毎回ブレーキをかけながら歩くことになります。1日に2万回もブレーキをかけて歩いていると大腿四頭筋ばかり使ってしまい、ひざに負担がかかります。その結果、サッカー選手にとっては致命的な前十字じん帯や半月板を損なうリスクが高まります。それだけではありません。大腿四頭筋ばかり使うことによって、太ももの裏の筋肉であるハムストリングスが弱くなります。それにより大腿四頭筋とハムストリングスのバランスが崩れ、ハムストリングスの肉離れを引き起こす危険性も高くなります。また、キレや瞬間的なスピードを出すためにはハムストリングスは重要な筋肉なので、それらを失う要因のひとつにもなるのです。

歩き方のトレーニングを受ける前は、
ひざが先に動くような歩き方を
日常的に行っていた

ひざから歩くことによって重心が低くなり、姿勢が崩れてしまう側面もあります。ひざを曲げて着地をすると身体がバランスを取ろうとして頭が前に出て、頭とのバランスをさらに取ろうとして背中が丸まります。その結果、猫背になり姿勢が悪い状態で歩いてしまいます。当然、正しい姿勢ではないため、歩くだけで身体の疲労感は大きくなります。

また、「身体を動かす関節の動きを知ろう」(P.24〜25)でも説明したとおり、膝関節は安定性を保つ関節なので、安定してほしいひざを過度に動かすことで安定性を失います。その代わりに、安定させようとする股関節の動きにも悪い影響が出てしまいます。歩き方を変え、お腹から歩けるようになるだけでひざへの負担が減り、ひざ本来の役割である安定性が戻るため、股関節も自然と本来の動きを取り戻します。歩き方を変えると間接的に他の関節の使い方も変わるのです。

他にもひざから歩くことで、脚を本来より短く使うことになるので、姿勢が崩れ、脚が短く、身長も低く見られてスタイルが悪く見えてしまいます。筋肉も良くないつき方をするので、ひざ回りの筋肉だけが発達してしまいます。このようにひざから歩くことは、デメリットだらけなのです。

ひざから動き出し、ひざを曲げて歩いている典型的な例ですが、トレーニングによって改善できます

POINT 周りの人たちの歩き方をじっくりと観察してみよう

学校や街中で周りの人がどのように歩いているのか、じっくりと観察してみることもオススメします。その際、ひざの動きにも注目してみてください。さらに背筋を伸ばし、美しくきれいなフォームで歩いている人の姿勢も参考にしてみよう。

お腹から歩くことができればパフォーマンスは向上する

歩き方を変えると効果が実感できる10のポイント

パフォーマンスが向上する10のポイント

お腹から歩くことをマスターすれば、さまざまな変化が身体にあらわれます。

POINT 1

重心が高くなる

背骨が伸びて姿勢が良くなるので、重心が高くなり、高重心が有利なサッカーにおいてもプラスに働きます。

POINT 2

筋肉のつき方が変わる

ひざから歩かずにお腹から歩くことで、太ももの前への負担が減ります。太ももの裏を使って歩くことができるので、ひざ回りの筋肉がシャープになり、裏側の筋肉が発達します。

POINT 3

足が速くなる

スピードのある選手は爆発力のある太ももの裏の筋肉をメインに使っています。歩き方を変えることで、太ももの裏がメインになるので、確実に足が速くなります。

POINT 4

身体が強くなる

お腹から歩くことでパワーのある身体の裏側の筋肉を使えるので、コンタクトが強くなります。また姿勢が良くなることもコンタクトの強さの一因になります。

POINT 5

身体が軽くなる

腸腰筋は背骨に付着しているので、背中が丸まっていると腸腰筋もゆるんでしまいます。姿勢が良くなることで背骨が伸びるので腸腰筋もピンと張り、パワーを出力しやすくなって身体が軽く感じられます。

POINT 6

筋肉への負担が楽になる

ひざから歩いていると太ももの前やすねに余計な負担がかかります。1日に2万歩も余計な筋肉を使っていたら負担がかかるのは当然です。お腹から歩くことで正しい歩き方になり、余計な筋肉を使わずに済むので、楽に歩けて筋肉への負担も減ります。

POINT 7

ケガが減る

お腹から歩いていれば、関節が正しく使えることになります。例えば、ひざから歩いていたら、ひざは必要以上に動いてしまいます。本来安定性のあるひざが安定を欠き、プレーヤーのケガのリスクも高まります。他にも猫背になると本来動いてほしい胸椎が固まってしまい、腰が反ることで、腰のケガにもつながります。お腹から歩けていれば、関節が正しく使われるのでケガのリスクが減ります。

POINT 8

身長が高く見える

姿勢が良くなることで重心が高くなり、背筋が伸びるので身長が高くなったように見えます。実際にお腹から歩けるようになると目線の位置が高くなります。

POINT 9

視野が広くなる

目線の位置が高くなることで、今までよりも視野が広くなります。またお腹から歩いていれば胸椎の可動域が拡がり、身体の回転がスムーズになることで、視野もまた広くなります。

POINT 10

キックが安定する

ひざから蹴るのとお腹から蹴るのとでは、使う筋肉が異なります。ひざから蹴ろうとすると太ももの前に過度に頼ってしまうので、力みが生じミスキックが増えます。お腹から蹴ると腸腰筋、腹筋も連動させることに加え、テコの原理を利用することができるので、力まずにボールにインパクトを与えることができます。

POINT 継続的に歩くトレーニングを積み重ねていこう

お腹から歩けるようになれば、すぐに何もかもが劇的に変わるわけではありません。継続的に歩くトレーニングを積み重ねていくうちに、少しずつ身体やプレーに変化が生じるようになります。そのためにも今日から歩き方の大改革に取り組んでみよう。

Players' voices
～選手たちの声～
歩き方について

これまで歩き方を特に意識したことはなかったし、それがパフォーマンスにすごく影響するということも知らなかったので、そこに気づかせてもらったことが大きな変化でした。まだまだ改善点は多いので、継続して歩き方のトレーニングをしていきたい。

MF 水多海斗／ビーレフェルト／ドイツ

自分は元々姿勢が悪く、立ち姿も背中が丸まっていたのですが、歩き方を改善してからは身体を大きく見せることができ、その結果、視界が広がり、ストップ動作などで動きやすさが変わりました。

DF 板倉健太／東京国際大学

正しい歩き方で姿勢が良くなり、重心が高くなったのがはっきりとわかった。

GK 鈴木将永／東海大学

歩き方の指導を受けて身体の重心が高くなり、プレーする際、とても動きやすくなった。

GK 原 幸大／桐蔭横浜大学

重心が高くなった感覚がある。歩き方から意識することで普段の生活からプレー中のことも意識しやすくなった。

MF 大久保智明／浦和レッズ

歩き方にしっかりと目を向けることで、プレー中だけでなく、普段の生活の中から姿勢に対する意識が大きく変わった。指導を受けたあとは重心が高くなったと感じる。身体の有効な使い方を普段の歩き方に落とし込むことで、ランニングやスプリントの強化につながっていると感じる。

DF 青木駿人／徳島ヴォルティス

身体全体の、どの部分を使って歩いているのかを考えながら歩くようになった結果、歩くときの姿勢が格段に良くなった。

MF 山内日向汰／川崎フロンターレ

重心が高くなって、脚を出す動作が明らかに軽くなり、プレー中も身体の軽さを感じることが増えました。

GK 志賀一允／沖縄SV

※2024年9月時点の所属名になります

姿勢がきれいになって、脚もすっきりと細く見えるようになった。

MF 楠 大樹／テゲバジャーロ宮崎

元々反り腰の影響で腰痛に悩み、サッカーのプレーにも支障が出たり、日常生活でも痛みを抱えていました。歩き方の指導を受け、お腹から歩くことを意識したり、体の軸がブレないように歩いたりすることで、腰痛の悩みが以前よりも減りました。歩き方を変えるだけで、脚と腰への負担が減って、パフォーマンスが向上したと思います。

DF 橋辺海智／東京国際大学

歩くのが楽になり、目線が高くなり、疲れにくくなった。

MF 吉岡優希／国士舘大学

歩き方の指導を受け、歩き方が良くなると姿勢も良くなって、重心も高くなるので、顔を上げてプレーすることができ、無駄な疲労がなくなりました。歩き方が良くなるとプレー面でのメリットがたくさんあることに気づきました。

アラ 秋山大晟／フットサルスペイン2部

姿勢が本当に良くなるので、プレー中の視野が自然に広がりました。

FW 北沢明未／日本体育大学女子サッカー部

普段の日常生活からつねにお腹を意識して歩いています。指導を受ける前は太ももの前の筋肉が多く、ももの裏の筋肉が少なかったのですが、指導を受けてから太ももの前の筋肉が減り、ももの裏の筋肉が増えました。

GK 渥美拓也／横河武蔵野FC

姿勢が良くなり、使う筋肉が変化しました。無駄に太ももの前の筋肉が発達していたのが、歩き方を改善してから、もも裏やお尻に効果が表れ、ももの裏側に力が入るようになりました。

FW 今村涼一／横河武蔵野FC

歩き方がきれいになり、姿勢が良くなった。

フィクソ 外林綾吾／バルドラール浦安

歩き方を変えてから、他の選手の歩き方をよく見るようになり、自分のほうが普段の生活から成長できていると感じるようになりました。

FW 三浦敏邦／拓殖大学

普段の姿勢から良くなり、少しずつプレー中の動きもスムーズになっていると感じています。また太ももの前の筋肉にかかる負担が減り、以前よりも楽にプレーできるようになっています。

DF 岡田 怜／FavAC1910／オーストリア

COLUMN

戦うサッカーボディを作るヒント②

寝る子はサッカーがうまくなる！

「睡眠」

寝る子はサッカーがうまくなる！とは、私が密かに思い続けているトレサージ的格言です。それほど睡眠は重要だと私は考えています。

睡眠は、ハードなトレーニングで負った筋肉のダメージ修復作業が行われる大事な時間です。それが不足すれば、筋肉が傷んだ状態のままプレーすることになり、パフォーマンスも下がってしまいます。また、睡眠には運動を連結させている神経を整えてくれる効果もあります、例えば、何度やってもできなかった難しい動きが、十分に睡眠を取った翌日、再度トライするとスムーズにできたりする。混乱していた運動神経が睡眠中に整理されたからなのです。当然、睡眠の質が低いと混乱したまま整理されず、思うような動きをすることはできません。

脳の回復にも睡眠は欠かせません。サッカーをプレーしていると興奮状態になり、神経伝達物質であるアドレナリンやドーパミンが大量に放出されます。その状態を放置したままでいると、思わぬケガにつながってしまうケースもあります。それらを抑えてくれるのが睡眠なのです。

　睡眠の質を上げる簡単な方法も挙げてみましょう。まず、CHAPTER 5の「もっと長く楽に走れるようになる呼吸を身につける」でも取り上げている口テープ。鼻呼吸をうながすことで、喉や口内の乾燥を防ぎ、睡眠の質を手軽にアシストしてくれます。

　住環境や季節、天候にもよりますが、可能ならば、窓を少し開けた状態にして寝ることも推奨します。密閉したままの部屋では取り込む酸素の量が少なくなり、睡眠の質を低下させてしまいます。窓を少し開け、空気の循環を良い状態にするのがベストで、目覚めたときも脳がすっきりします。

　基本的には長袖や長ズボンを着て寝るのがいいでしょう。夏場は暑さのため、どうしても裸に近い状態で寝てしまう人も多いと思いますが、裸のまま寝ると、かいた汗で皮膚の表面温度が下がり筋肉の温度も低くなってしまいます。筋肉は温めたほうが柔らかくなり、血流も良くなって疲労回復を助けてくれます。そういった意味でも寝間着は汗を吸収し、筋肉を冷えから守ってくれるのです。

　最後に余談をひとつ。学生ならば、授業中の居眠りは誰でも経験したことがあると思いますが、スポーツトレーナーとしてアドバイスするなら、授業中に崩れた姿勢で寝てしまうと逆に身体が重くなり、その後のトレーニングに支障をきたしてしまいます。授業中だけは、寝る子は育ちません。

CHAPTER

03

サッカーウォーキングの基本をトレーニングする

～姿勢、着地、重心、歩幅をつねに意識して歩こう～

「ひざを伸ばして着地をする」歩き方を何度も繰り返す

私たちは特に何も意識することなく毎日、歩いています。そもそも歩くことに疑問を抱く人はほとんどいないでしょう。「ウォーキングの基本」と言われても、「歩くのに基本が必要なの？」と思う人もいるかもしれません。

しかし、アスリートならば、そしてサッカーのパフォーマンスを上げたいならば、適切な歩き方、正しいサッカーウォーキングを身につける必要があります。

正しい歩き方を理解する前に、なぜ、今の歩き方が良くないのかを理解するのもとても重要です。

例えば、ほとんどの人の足はひざが先に出ているような歩き方をしています。CHAPTER1でも解説したように、ひざは安定性をもたらす関節のはずなのですが、そのひざが動いてしまっていたら役割が逆転し、その結果、身体の使い方も崩れてしまいます。1日1万歩から2万歩も間違った歩き方をしていれば、ケガをしたり、パフォーマンスが伸び悩んだりするわけです。

しかし、手順を踏んで、歩き方を理解すれば、誰でも正しい歩き方ができるようになります。

私のスタジオに通う選手たちも、「ひざを伸ばして着地をする」と言われると、最初はロボットのような歩き方になってしまう選手が多いのですが、「足の親指で最後まで地面を蹴る」歩き方を何度も繰り返していくと、勝手に反対の足が着地をするとき、「ひざが伸びる」状態になっていきます。

サッカーウォーキングをトレーニングする場合、最初は意識しすぎてどうしてもぎこちなくなってしまいます。この章では、スムーズに歩けるようになるための手順を説明します。

正しい姿勢をキープする

耳と足首のラインを一直線に

良い姿勢

STEP 1

身体を横から見て、
耳ー肩ー股関節ーひざー足首が
一直線の状態になり、
力まずにこのような立ち姿の
状態を作るのが理想的です

STEP 2

正面から見た場合、
眉間ーあごーへそー股が
一直線の状態になり、
身体の左右どちらにも均等に
体重をかけた立ち姿が理想的です

POINT 普段から自分の姿勢を意識する

サッカーの練習で、監督やコーチ、キャプテンやチームメイトの話を聞いているとき、自分の立っている姿勢をつねに意識するところから始めてみよう。信号待ちをしているときや電車、バスを待っているときなど、普段の生活の中で、正しい姿勢で立っているかをつねにチェックしよう。

悪い姿勢

頭の重さは体重の約10パーセントあり、前方に2.5センチ出ると4キロほど負荷がかかると言われています。それだけに頭が前方に出て、重心が前にかかると身体への負担は大きくなります

重心が前にかかっている

お腹が前に出ている

お腹が前に出て、腰が反り返っています。
この姿勢のままだと腰にかかる負担が大きくなり、腰のケガにもつながります

かかとに身体の重心が傾いています。
全体的に体重がうしろに乗っているため、
足の指が有効に使えなくなります

重心がうしろにかかっている

つま先が外に開きすぎて、いわゆるガニ股になっています。
ガニ股になると足の指が使えず、股関節も固まってしまいます

つま先が外に向いたままの状態

サッカーウォーキングの基本②

1歩目の歩き出しと着地を意識する

前脚のひざをしっかりと伸ばして歩き始めよう

良い歩き出しと着地

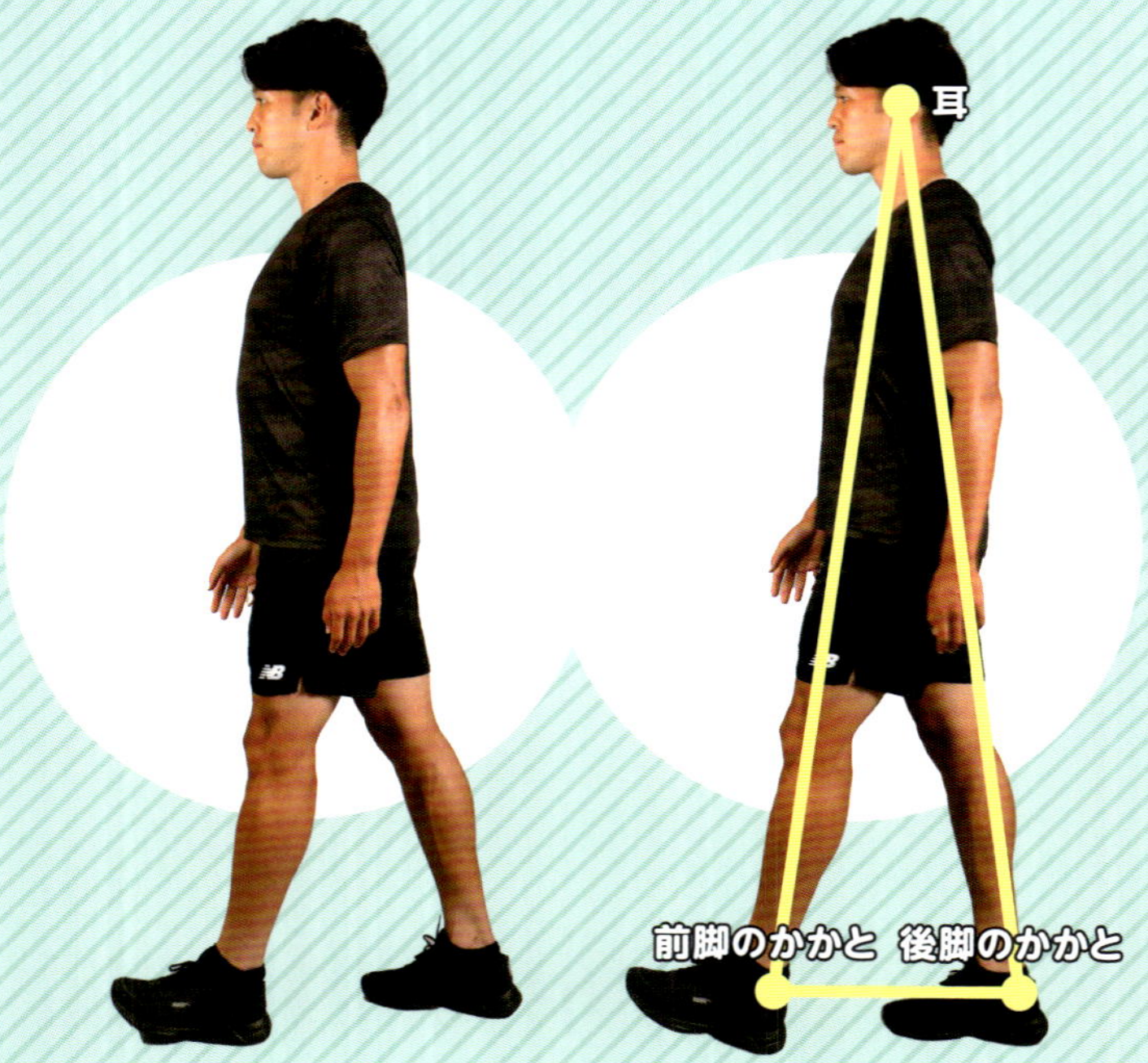

STEP 1

前脚のひざが伸びていて、後脚のかかと－耳－前脚のかかとを結ぶと二等辺三角形になる状態が理想的な歩き出しになります

STEP 2

ひざを曲げずに、かかとからスムーズに着地します。この歩き方ができるようになると、太ももの前を過度に使わないようになるので、太ももの前がシュッとしたシャープな筋肉のつき方に変わってきます

POINT 歩き出しをつねに意識しよう

身体に染みついた今までの歩き方を変えるためには、1歩目の歩き出しを着地するまでしっかりと意識することが重要です。最初はぎこちなくなってしまいがちですが、つねに意識することが重要です。ときには鏡や通りのガラス窓に映る自分の歩き方をチェックするのもオススメです。

悪い歩き出しと着地

×

前脚のひざが曲がっている状態で1歩目を踏み出そうとしています。着地も同様です。ひざが過度に動いているので、重心が全体的に下がり、ひざのケガのリスクが高まります

前脚のひざが曲がっている

頭が前方に出ている

×

前脚のひざが曲がっていて、頭が前方に出ており、目線も下がっています。スマホを見ながら歩くとこのような状態になります

×

1歩目を踏み出そうとする際、全体的に重心が後脚に乗っており、着地も同じ状態ではスムーズに歩けません

後脚のかかとに重心がある

地面をつかんで蹴る

しっかりと足の指で地面をとらえよう

良い蹴り方

かかとで着地したあと、
足の指で地面をつかむ

足の指で地面をしっかりとつかみ、
地面を押す

押したあと、
足の指を使って地面を蹴る

地面からの反発力を受け、
力強く歩くことができる

最後まで地面を足の指でとらえています。地面をしっかりと足の指でとらえることで、足の指を使えるようになり、ふくらはぎーももの裏ー臀部《でんぶ》（お尻）がさらに使えるようになります。このフェーズができるようになることで、裏側の筋肉が活性化するので、筋肉のつき方も次第に変わっていきます

悪い蹴り方

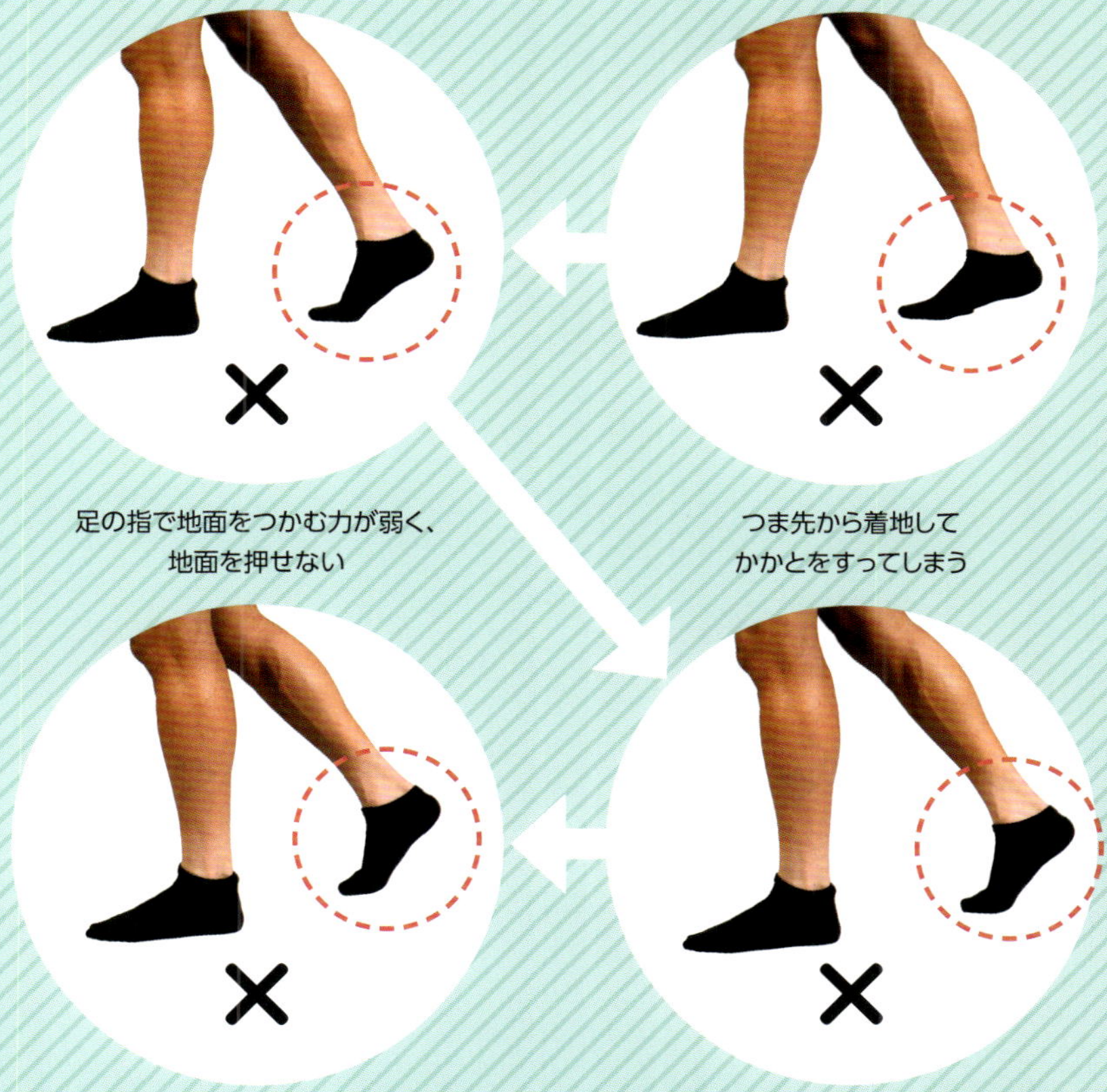

足の指で地面をつかむ力が弱く、
地面を押せない

つま先から着地して
かかとをすってしまう

地面からの反発力が弱く、
フワフワした歩き方になる

押せないために、
足の指で地面を蹴る力も弱い

足の指でしっかりと地面を蹴らずに、途中で足を浮かせた状態になっているため、フワフワした歩き方になってしまいます

POINT **裸足になって歩いてみよう**

地面をしっかりと足の指でつかんで蹴る。それを何度も繰り返す。これがこのフェーズの重要なポイントですが、シューズやスニーカー、靴下をはいているとなかなか実感しにくいので、まずは裸足になって、土や芝生のグラウンドを歩いてみることから始めてみよう。

サッカーウォーキングの基本④

身体の重心を上下させない

頭の位置をつねに地面と平行に保とう

◎

良い歩き方

つねに頭の位置、腰の位置を地面と平行になるように保ち、身体全体が上下に波打たないように、スムーズに前に進むようにしよう

×

悪い歩き方

地面を蹴る意識が強すぎるため、身体が前方ではなく、上方に伸びてしまう。そのため、頭が上下に動きながら前に進むので、とても疲れる歩き方になってしまいます

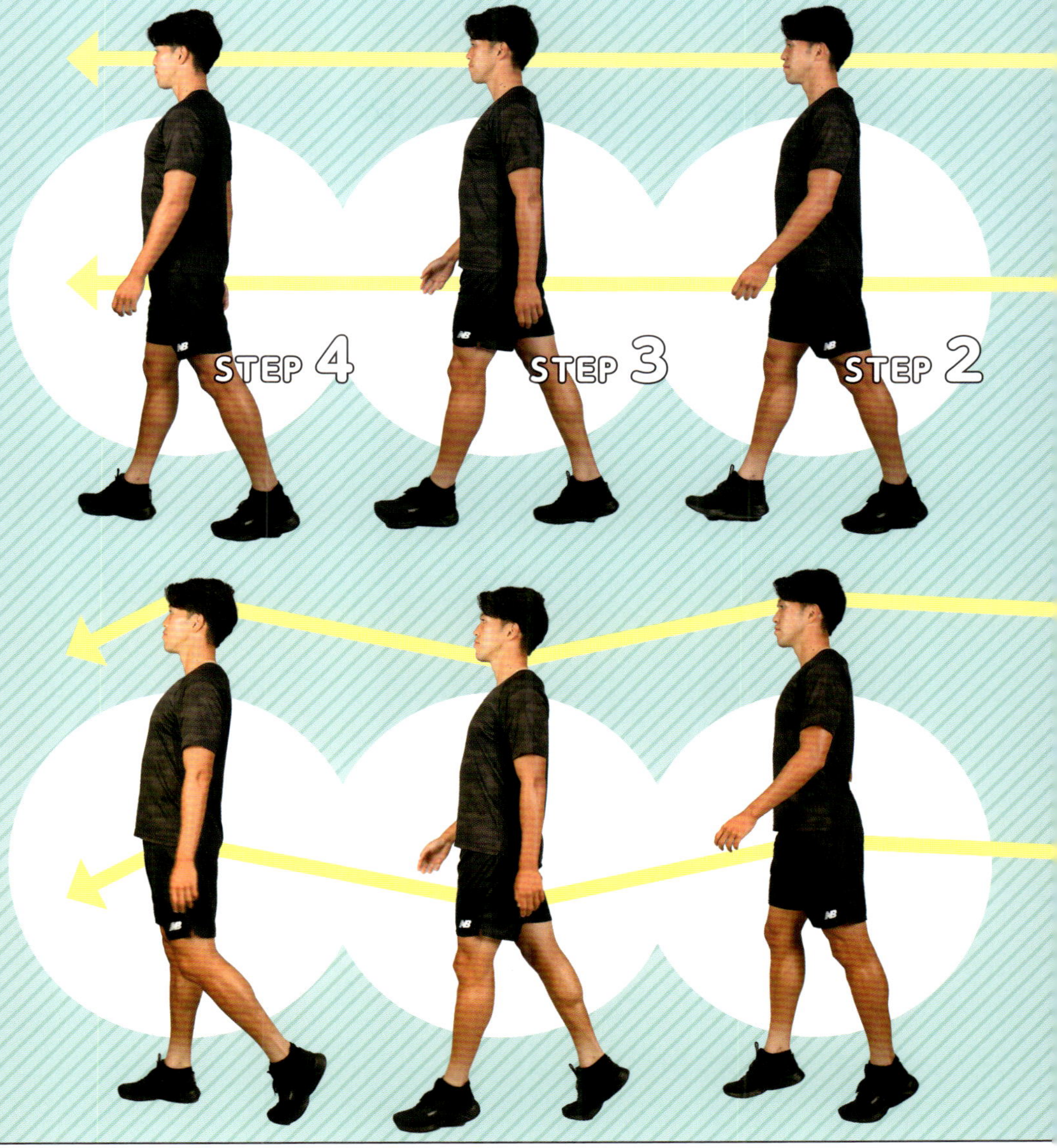

POINT 上下しない歩き方がスピードアップにつながる

ここでの歩き方は、走り方にも密接につながっていきます。速く走るためには、できるだけ重心が上下に動くことなく、身体を前に運ぶように心がけよう。普段の歩き方から重心が上下するクセがついてしまうと、走るときにも同じように重心が上下してしまいます。

歩幅に注意して歩く

しっかりと地面を蹴り、自然な歩幅をキープしよう

適切な歩幅

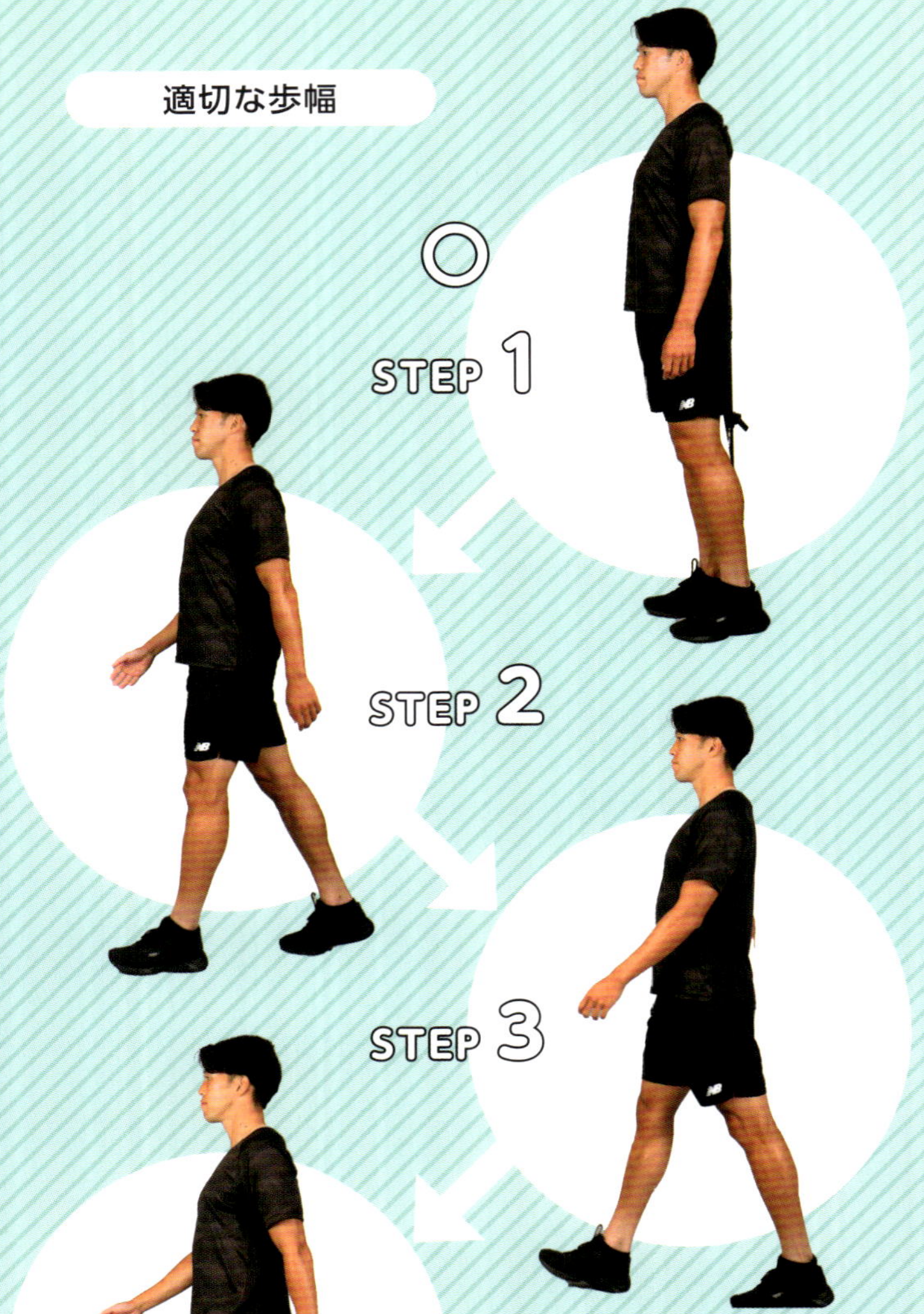

地面を最後までしっかりと蹴ることで、勝手に脚は前に出ていき、自然な歩幅になります。歩幅を適切に保つことによって筋肉の活性が強くなり、重心も上下しにくくなります

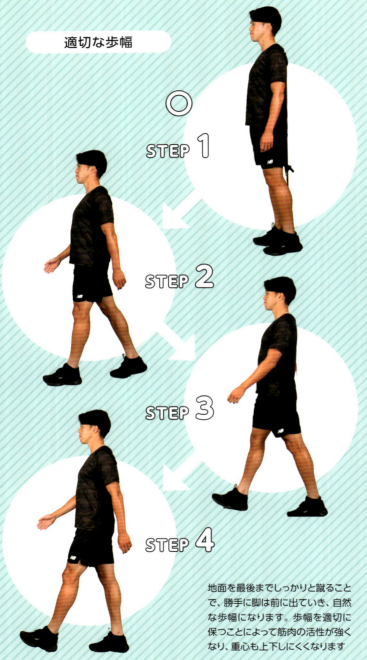

歩幅が狭い

×

ひざを伸ばして着地するイメージを強く持ちすぎるため、歩幅が狭くなっています。歩幅が狭くなることによって、筋肉の活性が弱くなり、重心も上下しやすくなってしまいます

POINT 速く走るためにも歩幅にこだわる

適切な歩幅で歩くことは走るときのスピードにも密接につながっていきます。速く走るためにはストライド（歩幅）が重要です。普段の歩き方から歩幅が狭くなってしまうと、走るときも同じようにストライドが小さくなり、スピードが出ません。

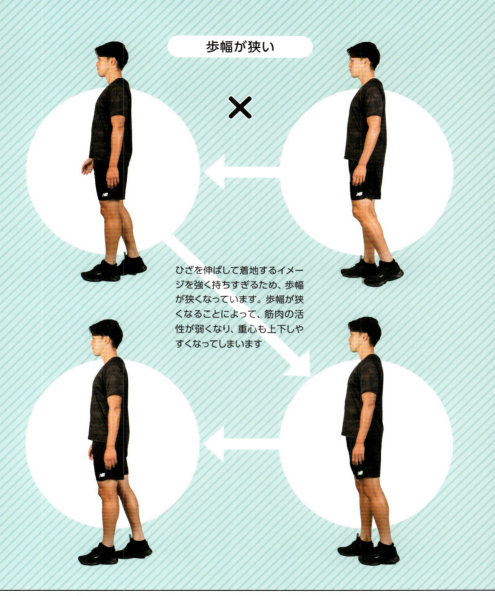

1本の線になるように歩く

つま先の向きに注意をはらう

つま先を正面に向け、足跡が1本の線となるようにまっすぐ歩くようにしよう。しっかりと身体の軸を作り、足の指で地面をつかんで歩くようにしよう

悪いつま先の向き

×

つま先が外に開いているため、足跡は1本の線を描くようになっていません。いわゆるガニ股になっているため、身体の軸ができず、足の指も使えない歩き方になっています

POINT ガニ股、ダメ、絶対

両脚の真ん中に1本の線をイメージして、そのラインにそって、つま先を正面に向けて、適切な歩幅をキープして歩くようにしよう。練習が終わったあと、サッカー選手の歩き方を注意深く観察していると意外に多いのがガニ股タイプ。スピードにも影響するので早い段階で修正しよう。

スペシャルインタビュー①

平河 悠

Yu HIRAKAWA

（ブリストル・シティFC／イングランド）

姿勢や歩き方を意識することで変わったこと

トレサージでパーソナルトレーニングを受け、自身の身体に変化を感じ取った選手がいる。

U-23日本代表としてパリ五輪に出場した平河 悠選手だ。

新進気鋭のアタッカーは、どのような思いでトレサージのトレーニングに取り組んだのだろうか。

地方の小さな町のクラブでサッカーを始めた。Ｊリーグクラブのアカデミーとは無縁。中学も高校も地元の公立校で学んだ。進学した関東の大学でも活躍の場は全国の精鋭が集まる関東大学サッカー1部リーグでも2部でもなく、さらにその下のリーグ。大きな舞台とはほとんど縁がなかった。しかし、小柄な身体から発する非凡な才能を感じ取ったスカウトがいた。

大学3年時にＦＣ町田ゼルビアの練習に参加し加入内定を勝ち取ると、4年時にはＪＦＡ・Ｊリーグ特別指定選手としてＪ2で多くの公式戦に出場。プロ1年目からチームの主力選手として目覚ましい活躍を見せると、Ｕ―22日本代表に初選出。めきめきと頭角を現した。そして2024年の夏、Ｕ―23日本代表としてパリ五輪に出場。初戦のパラグアイ戦に先発し負傷交代したものの、鮮烈な印象を残した。

自分の課題とつねに向き合う

ちょうどプロ2年目になるタイミングでした。1年目を振り返り、自分の武器でもあるスピードにもっと磨きをかけたかったし、ひざのケガを含め、自分の身体としっかり向き合い、体質の改善に取り組みたかった。それがトレサージでパーソナルトレーニングを受けるようになった大きな理由です。

僕自身、自分の姿勢の悪さや身体の硬さは、ずっと以前から自覚していましたが、それよりも他の優先すべき技術的な課題のほうにフォーカスし、これまで練習を重ねてきました。そしてさらに、自分の長年の課題にしっかりと取り組もうと思ったのが、ちょうどこのタイミングだったのです。

課題に関しては意識して改善できるものもあれば、意識していてもなかなか思うようにいかないものもあります。トレサージでトレーニングを受けた姿勢と歩き方については、ごくごく当たり前の日常的なことなので、普段の生活からつねに意識し続けることで、プレーする際に無意識でも効果を得られるような好循環を生み出したかった。

特に歩き方は、トレーニングを受けた最初の日から絶えず意識するようになりましたし、現在も毎日のように意識して取り組んでいます。無意識のうちに重心を高く保ち、正しい歩き方ができるようになれば、身体の負荷を減らすことができるんじゃないかなと思っています。パリ五輪の試合でケガをしてしまい、リハビリもあって、思うような歩き方を実践できない時期もありましたが、ずっと意識し続けてきた結果、トレーニングを受け始めたころよりも、ずっと動きやすい身体になってきているなと実感しています。

歩き方の改善で スピードアップ

そもそも、歩き方のトレーニングを受けるまで、歩くことについて特に意識したことは全くありませんでした。というより、考えたことすらなかった。それくらい歩くことって当たり前のことですからね。僕だけじゃなく、多くの人もそうなんじゃないかなと思います。ですから最初に自分の歩き方の問題点を指摘されたとき、大きな驚きがあったし、だからこそ強く意識するようになりました。

ただ、正直に言えば、歩き方を意識するようになってからの変化は、自分ではなかなかはっきりとわからないところもありました。むしろチームスタッフや、昔からの友だち、以前から僕のプレーをよく見ている人たちから、「以前よりもストライドが伸びている」「プレー中の姿勢が以前よりも大きく見える」と言われるようになりました。体感的にはわからなくても、成果はスピードの数値にも表れていて、ＧＰＳデバイスを利用したパフォーマンス分析システムのデータを見ると、昨シーズン（２０２３年）よりも値が上がっていて、変化は数字になってはっきりと表れるようになりました。

また、トレサージに通い続けるうちに、トレーニングを受けた週と受けなかった週を比較すると、明らかにトレーニングを受けた週のほうが身体の動きやすさを感じるようにもなりました。一方ではどうしても姿勢が悪くなりがちで、そのせいで、疲労がたまって疲れやすくなるように感じていました。そこで姿勢を改善することによって、疲れにくい身体を作った結果、試合中の走行距離も以前より伸びていると感じています。

自分の身体の 仕組みや動きを知る

僕自身、果たして中学、高校のころ、どのような姿勢や歩き方だったのか、自分でもよく覚えていないのですが、トレサージのトレーニングを受けるようになって思ったのは、姿勢や歩き方について早い時期に意識することは、プレーをレベルアップさせていく上で取り組んでみるべきことのひとつだということです。ボールを蹴る、止めるといったサッカーの基本的な技術と同じように、姿勢や歩き方といった見過ごされがちな日常的な動作に向き合うことは、とても大事なことなんじゃないかなと感じています。もちろん、人それぞれが必要だと感じたタイミングで取り組むことだと思いますが。

姿勢や歩き方、呼吸の仕方やボディケアに焦点を当てたこの本を読んでい

最初に自分の歩き方の問題点を
指摘されたとき、大きな驚きがあったし、
だからこそ強く意識するようになった

本人提供

る人は、もっとレベルアップするためにサッカーの技術的なこと以外に必要な何かを求めている意識の高い人だと思います。スポーツの世界では、もっと高いレベルをめざす上で、自分の身体の仕組みや、身体の動きを知ることはすごく大事なことだと僕自身、今さらながら感じています。

２０２４年現在は、イングランドのクラブでプレーしていますが、こちらの日常生活に慣れるため、いろいろと試行錯誤を繰り返しています。ピッチの中で順応していくことはもちろん重要ですが、ピッチ外では特に食事と睡眠は大事な要素だと考えているので、

今の環境のもとでできることは何か、自分にとって必要なことは何かをつねに考える

平河《ひらかわ》 悠《ゆう》

2001年1月3日生まれ。佐賀県鹿島市出身。171センチ68キロ。明倫JSC→FCレヴォーナ→佐賀県立佐賀東高校→山梨学院大学→FC町田ゼルビア→ブリストル・シティFC（イングランド）

Kenichi ARAI

環境を整えているところです。

海外に出てみて改めて思うのは、日本では本当に恵まれていたんだなということ。あらゆる面で環境が整っていますから。そういった意味でも若い学生のみなさんに言いたいのは、自分が置かれている環境のもとで今できることとは何か、自分にとって必要なことは何かをつねに考えるということ。これはとても大事なことだと思います。そういったポジティブなことを考えていたら、ネガティブな方向には目が向かないと思うし、周囲の雑音や誘惑に惑わされることもないはずです。

僕自身のこれまでの経験から言えば、学生のころから自分にしっかりと向き合い、現実から目をそらさず、改善すべき課題に根気よく取り組み続けた人ほどレベルアップしているし、階段を一歩一歩上っているように感じています。競争の厳しいプロの世界に飛び込んでからもその思いは変わりません。僕も小・中・高校時代、大学生のころ、FC町田ゼルビアで日々取り組んできたことを忘れず、こちらでも新たな課題に挑戦し、自分の成長につなげていきたいと思います。

奥村トレーナーの声

平河 悠選手が初めてトレサージに来たとき、他の選手たちと同じように最初は立ち姿勢を見て、次に歩き方を注意深く観察するところからトレーニングを始めました。姿勢が悪くなると歩き方も身体の重心が低くなってしまいがちになり、股関節をうまく使えず、ひざから先に動いて歩いてしまいます。それにより太ももの前側にある筋肉ばかりを使い、結果、ひざに負担がかかって、ケガを引き起こす要因にもつながります。一日中、かなりの歩数を歩くわけですから。

もっとスピードを上げていきたい、それが平河選手の要望でした。もっと速くなるためには、太ももの裏側の筋肉を使わなければなりません。そこで姿勢や歩き方を正しく変え、重心を高く保つようにトレーニングを続けました。それによって、プレー自体も股関節から動かせるようになり、太ももの裏側の筋肉を使えるようになって、スピードも上がったのだと思います。

スピードアップの数値は人それぞれで違います。わずかの場合もありますが、サッカーをプレーする上では、そのわずかの差がとても重要なのです。その一瞬の差が、次のプレーの差につながり、やがて大きな差になっていくと私は考えています。

CHAPTER

04

最強の
サッカーウォーキングを
マスターする

〜無意識でも正しく歩けるようになるためのエクササイズ〜

「何のために歩くのか」「どこを意識して歩くのか」を明確にする

あなたが15歳なら約15年間、20歳なら約20年間、この世に生まれて、よちよち歩きを始めたころからずっとほとんど意識することなく「歩く」という行為を繰り返してきたと思います。ほとんどの人は歩き方なんて考えたこともないですよね。そのようにして身についてしまった自分なりの歩き方のクセをいきなり変えることは、そうそう簡単なことではありません。歩き方を正しく変えるには意識して歩かなければなりませんが、最終的には無意識のうちに正しく歩くことができなければ、しっかりと身についたとは言えません。身につかなければ身体に肉体的な変化は起こりませんし、パフォーマンスの向上にもつながりません。そこでこの章ではさまざまなエクササイズを通して、「無意識のうちに正しい歩き方になる」状態をめざします。

それぞれのエクササイズはすべて簡単なものばかりですが、注意点をおろそかにしたり、適当にやってしまったりすると効果は出ません。やるだけ無駄になってしまいます。「何のために歩くのか」「どこを意識して歩くのか」を明確にしながら取り組んでもらえるように説明していきます。

このエクササイズをやったあとにプレーすると、格段に動きやすくなりますので、練習や試合前のアップでもぜひとも取り入れてください。例えば、足の指を使えるようにするだけで地面を今まで以上にとらえやすくなるので、足が速くなったり、踏ん張りが利くプレーが可能になったりします。上半身の脱力や脚の振り子の動きをやってからプレーすると、余計な力を入れずにプレーができるようになるので、さらに動きやすくなります。

エクササイズ①
10回×2セット

ろっ骨を上げる

ろっ骨の位置をつねに意識しながら行う

STEP 1

肩の力を抜き、
背筋を伸ばして、足を組んで
楽に座ってください
(あぐらをかいた状態です)

STEP 2

両手を頭のうしろで組みます。
その際、ひじは耳の
延長線上にくるように

STEP 3

ゆっくりと前方に
身体を少しずつ倒し、
背中を丸めるようにします

STEP 4

背中を丸めた状態から徐々に
背中だけ伸ばしていきます

STEP 5

背中が伸びた状態から少しずつ
上半身を起こします

STEP 6

背中が丸くならないように
伸びた状態をキープします

STEP 7

起き上がりきったら肩、肩甲骨、
背中に力が入っている状態になります

STEP 8

両手を下ろして肩、肩甲骨を
リラックスさせ、背中にだけ
力が残った状態を保ちます

POINT ろっ骨を上げれば、腸腰筋が張り、姿勢が良くなる

この一連の動きを繰り返し行うことで、ろっ骨は上がります。ろっ骨が上がると背中が伸びます。背中が伸びると今度は腸腰筋がピンと張ってくれるので、腸腰筋を使ってより強い力を発揮することができます。背中が伸びた状態で歩けるので、姿勢が良くなり、お腹から歩きやすくなります。

エクササイズ②
10回×2セット

上半身を脱力させる

リラックスがプレーをたくましくする

両肩をアップダウンさせる

STEP 1

両方の肩を思い切り上げてください

STEP 2

一気に身体の力を抜き、
両肩が下へと下がるように

STEP 3

もう一度、両方の肩を
思い切り上げてください

STEP 4

再び一気に身体の力を抜き、
両肩が下へと下がるように

上半身をスイングする

STEP 1

身体を倒し背中を丸めて、
腕の力を抜き、
腕を左右にぶらぶらさせる

STEP 2

最初は小さく左右にぶらぶらさせ、
徐々に大きくぶらぶらさせる

STEP 3

一度身体を起こしたあと、
再び倒し背中を丸め、
腕の力を抜いたまま、
腕を左右にぶらぶらさせる

STEP 4

最初は小さく左右にぶらぶら、
徐々に大きくぶらぶらさせる。
この動きを何度も繰り返す

POINT 上半身=リラックスを心がけよう

上半身が力んでいると、両肩に力が入ってしまい、プレーする際の動きがぎこちなくなります。写真のような一連の動作ができるようになると上半身がリラックスできるので、自然と歩き方にも余計な力みがなくなり、正しい歩き方ができるようになって呼吸もしやすくなります。上半身=リラックスを心がけよう。

エクササイズ③
10回×2セット

脚を振り子のように振る

下半身をリラックスさせた状態にしよう

脚を大きく振る

STEP 1

上半身をしっかりと起こし、
脚を前後にぶらぶらさせる
動きです

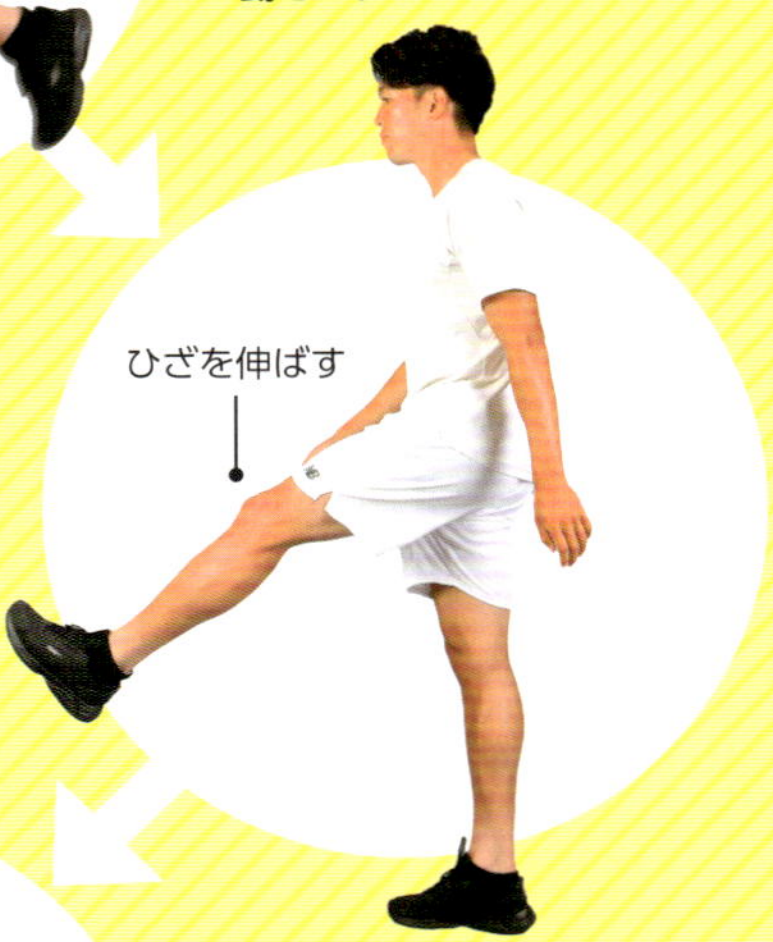

STEP 2

脚を前に振ったときは
ひざが伸びている状態を
キープしよう

STEP 3

あくまでも上半身は
しっかりと固定したままで、
最初は小さな振りから、
徐々に大きく振ってみよう

STEP 4

脚に力を入れて振るのではなく、
あくまでもリラックスした状態で
遠心力を使って脚を振ってみよう

脚を自然に着地させる

STEP 1

まっすぐに立った状態で、
片方の手を高く上げてみよう

STEP 2

振り下ろした手で、
片方のお尻を力強く叩いてみよう

STEP 3

お尻を叩いた反動で、
脚を前に踏み出そう

STEP 4

ひざを伸ばした状態を特に意識し、
リラックスした状態で、自然に着地しよう

POINT 力みやすい下半身をリラックスさせよう

ひざを伸ばして着地をしようとすると、最初はロボットのようにぎこちなくなり、脚が力んでしまいますが、このような動きを何度も繰り返すうちに脚を前に振り出す際の力みが少なくなり、すんなりと踏み出せて自然と着地できるようになります。上半身同様、下半身もリラックスさせるように心がけましょう。

エクササイズ④
10回×2セット

足の指を使えるようにする

地面をしっかりとつかんで歩くために

足の5本の指を使う

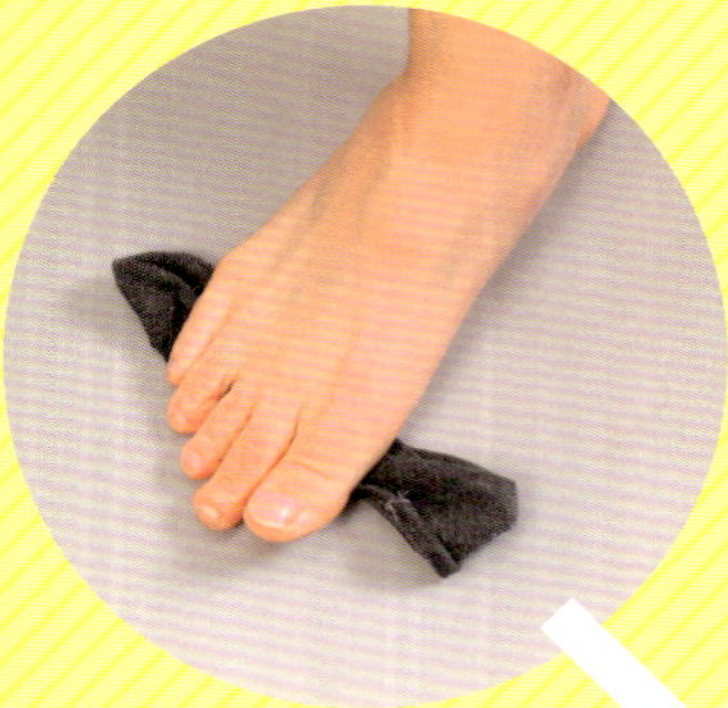

STEP 1

床においた靴下の上に
足をのせます

STEP 2

足の5本の指を使って、
靴下をつかんでみよう

STEP 3

靴下をつかんだ状態のままで、
足首を上下に動かしてみよう

STEP 4

足首の上下運動を
何度も繰り返してみよう

足首を曲げ伸ばしする

STEP 1

足の5本の指で
靴下をつかんでみよう

STEP 2

靴下をつかんだ状態で、
足首を使って、
何度も左右に振ってみよう

STEP 3

足首を使って、
ぐるりと丸い円を描くように
何度も回してみよう

POINT 5本の指をしっかりと使えることが重要

大事なのは足の5本の指でつかむこと。親指ではつかめているけれど、小指ではつかめていない状態はNGです。左足、右足ともに満遍《まんべん》なく、繰り返しやってみてください。このエクササイズをやった直後、実際に裸足で歩いてみると、しっかりと地面をとらえる感覚がわかるはずです。

「回復」
一人でもできる リカバリー方法を習得する

毎日元気にサッカーをプレーしたいのであれば、練習後、疲れ切った身体を速やかに回復させなければなりません。そこで誰でもかんたんにできるリカバリー方法を2つ伝授したいと思います。

1つ目は裸足で歩くこと。ずっとスパイクを履いた状態では足先が窮屈な状態になっているので、真っ先に解放してあげましょう。窮屈なままでは足の指が使えず、足の指の握力も落ちてしまいます。足の指の握力はスピードやストップ動作にも大いに関係してきます。

足裏の感覚を活性化させる上でも裸足は効果的です。足の裏にはたくさんの神経が通っていて、その感覚が鈍ると力んだり、バランス感覚が崩れてしまったりします。裸足で歩いて足裏に備わっている身体のセンサーを復活させましょう。

現代社会では裸足で生活する機会がほとんどなく、身体の中にイライラなどを引き起こすプラスイオンがたまってしまいがちです。そんな身体にマイナスイオンを取り込むだけでも疲労感は軽くなります。森林や川の側《そば》で過ごしたら、なぜか疲れが取れたように感じるあの爽快感。裸足でのウォーキングにはそんなリラックス効果があるのです。裸足に抵抗があるならば、ソックスをはいた状態で歩いてもかまいません。とにかくスパイクを脱いで、一刻も早くあなたの足を解放してあげましょう。

２つ目は、一人でできる圧迫もオススメします。もちろん専門のトレーナーから受けるマッサージや、温水と冷水に交互に入る交代浴のほうが筋肉的な疲労は取れるかもしれませんが。多くの人はそういった環境下にはいないと思いますので、あくまでも一人でできる圧迫について解説したいと思います。

圧迫とは文字通り圧を加えて押さえつけることです。技術など要りません。サッカー選手の場合、下半身を酷使するので、手の届く範囲内ですが、太ももやふくらはぎ、足裏、お尻などを手のひらや指先を使って押すだけで良いのです。そのようにして、ハードな練習で凝り固まった筋肉を柔らかくほぐしてあげましょう。筋肉には本来ポンプの役割があるので、収縮・弛緩することによって全身に血液を流していきます。ですから筋肉を圧迫し、血流を促すことで、全身の疲労が取り除かれていきます。

とはいっても、なかなかセルフではカバーできない背中や腰などの筋肉の圧迫は、家族や友だちに手伝ってもらいましょう。

大人に限らず、成長過程にある中学・高校生であっても、ある程度の圧迫は疲れを軽減させてくれるので、オススメしたいと思います。

CHAPTER

05

もっと長く楽に走れるようになる呼吸を身につける

～呼吸のメカニズムとトレーニングを学ぼう～

正しい呼吸を身につければ、腹圧が高まる

今、この瞬間もみなさんは呼吸をしています。人は1日に2万回から2万5000回ほど、アスリートならば運動時を含めると3万回をゆうに超える呼吸をすると言われています。無意識に行われているこの呼吸も、実はパフォーマンスに直結します。

呼吸はさまざまな側面から身体を支えています。例えば、メンタルの状態も呼吸によって大きく変わります。試合前、緊張感が高まり、心臓や肺の働きが活発になることは誰でも経験したことがあると思います。そのような状態では呼吸は浅くなり、さらに緊張は増してしまいます。そういった状態から脱するためには、呼吸を深くすることがとても有効だとされています。

正しい呼吸を身につければ、サッカーをプレーする上で、身体に軸ができ、楽に走れるようになります。逆に間違った呼吸を続ければ、呼吸も荒くなって走れなくなったり、当たり負けしたり、メンタルにも悪影響が出たりしてしまいます。正しい呼吸を身につけることは、腹圧を高め、パフォーマンス向上にとってとても重要な手段なのです。

この腹圧が重要な鍵を握ります。海外のサッカー選手のお腹はずん胴でボンと膨らんでいるイメージがあり、日本人選手のお腹はバキバキに腹筋が割れているものの、あまり厚みがありません。この腹圧の差がフィジカルの差につながります。お腹がボンと膨らんでいるのは遺伝的なものでも人種的な違いでもなく、腹圧が高いからなのです。日本人でも腹圧を高めれば、膨らんだお腹になります。この章ではそのメカニズムやトレーニング方法を紹介していきます。

呼吸のメカニズム①

自分の呼吸を理解する

無意識に行っている呼吸を意識してみよう

呼吸と呼吸方法

私たちが何げなく行っている呼吸ですが、この呼吸こそ、身体の使い方ピラミッドの大きな土台のひとつだと私は考えています。呼吸には、「鼻呼吸」と「口呼吸」があり、呼吸方法にも「腹式呼吸」と「胸式呼吸」があります。自分がどのような呼吸や呼吸方法なのか、見直してみましょう。

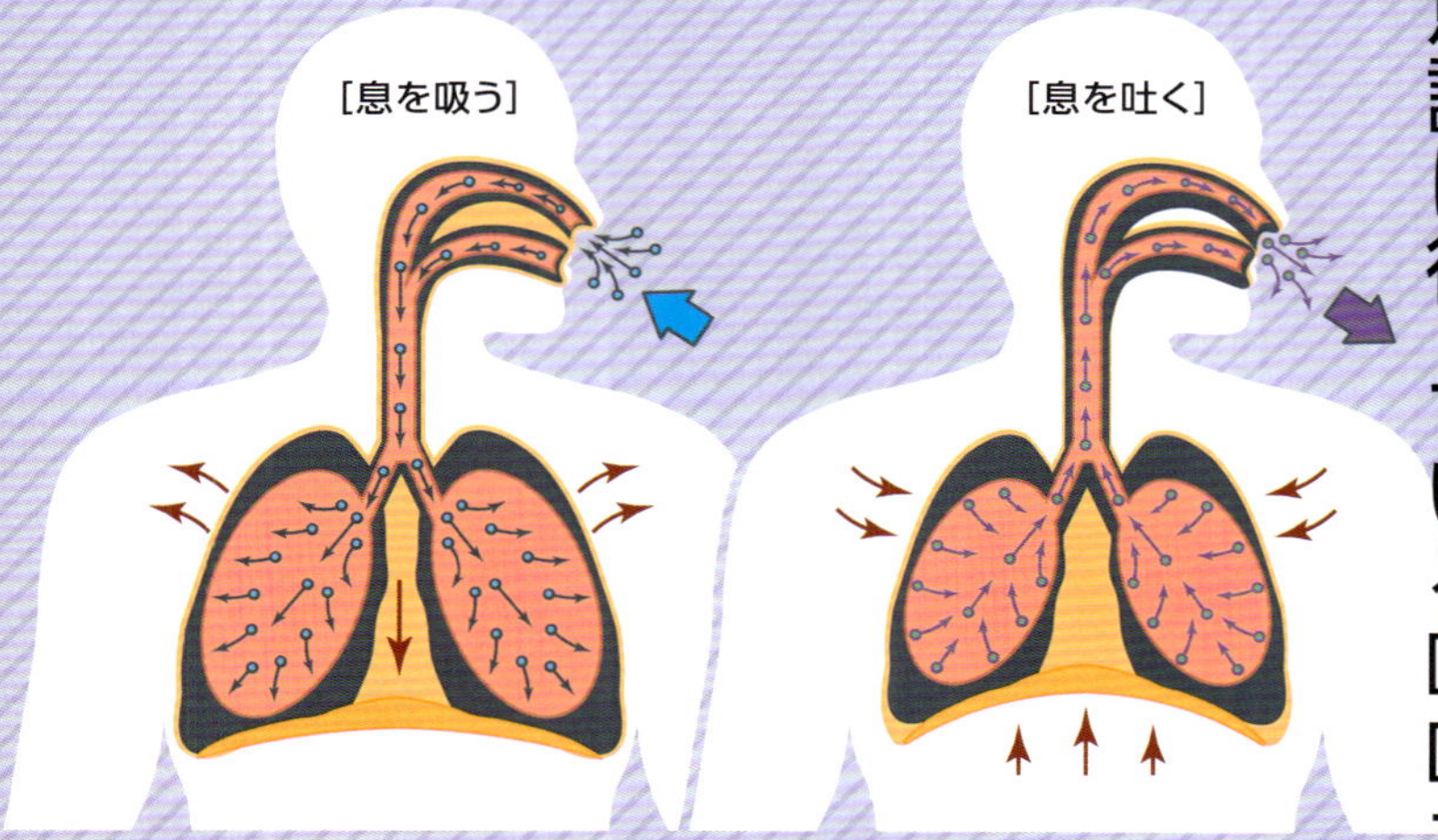

呼吸方法

[腹式呼吸]

息を吐くとお腹がへこみ、息を吸うとお腹が膨らむのが腹式呼吸です。

[胸式呼吸]

息を吸うと胸がいっぱいになって膨らむのが胸式呼吸です。

呼吸

[鼻呼吸]

鼻から取り込んだ空気は加湿され、喉から肺へと送り込まれます。冷たい空気も鼻呼吸をすることで、冷たさが緩和されます。

[口呼吸]

絶えず口から空気を吸い込むため、習慣化すると喉や口内が乾燥してしまい、唾液の分泌や虫歯予防にも影響します。

呼吸パターン

呼吸のパターンは大きく4つに分かれますが、サッカーをプレーする上でベストな呼吸パターンは「鼻呼吸 × 腹式呼吸」です。逆に最も好ましくないのが「口呼吸 × 胸式呼吸」で、実は多くの選手たちがこの呼吸パターンに陥っています。自分の呼吸を見直し、正しい呼吸パターンに変えるだけで、楽に動けるようになり、走ることができます。

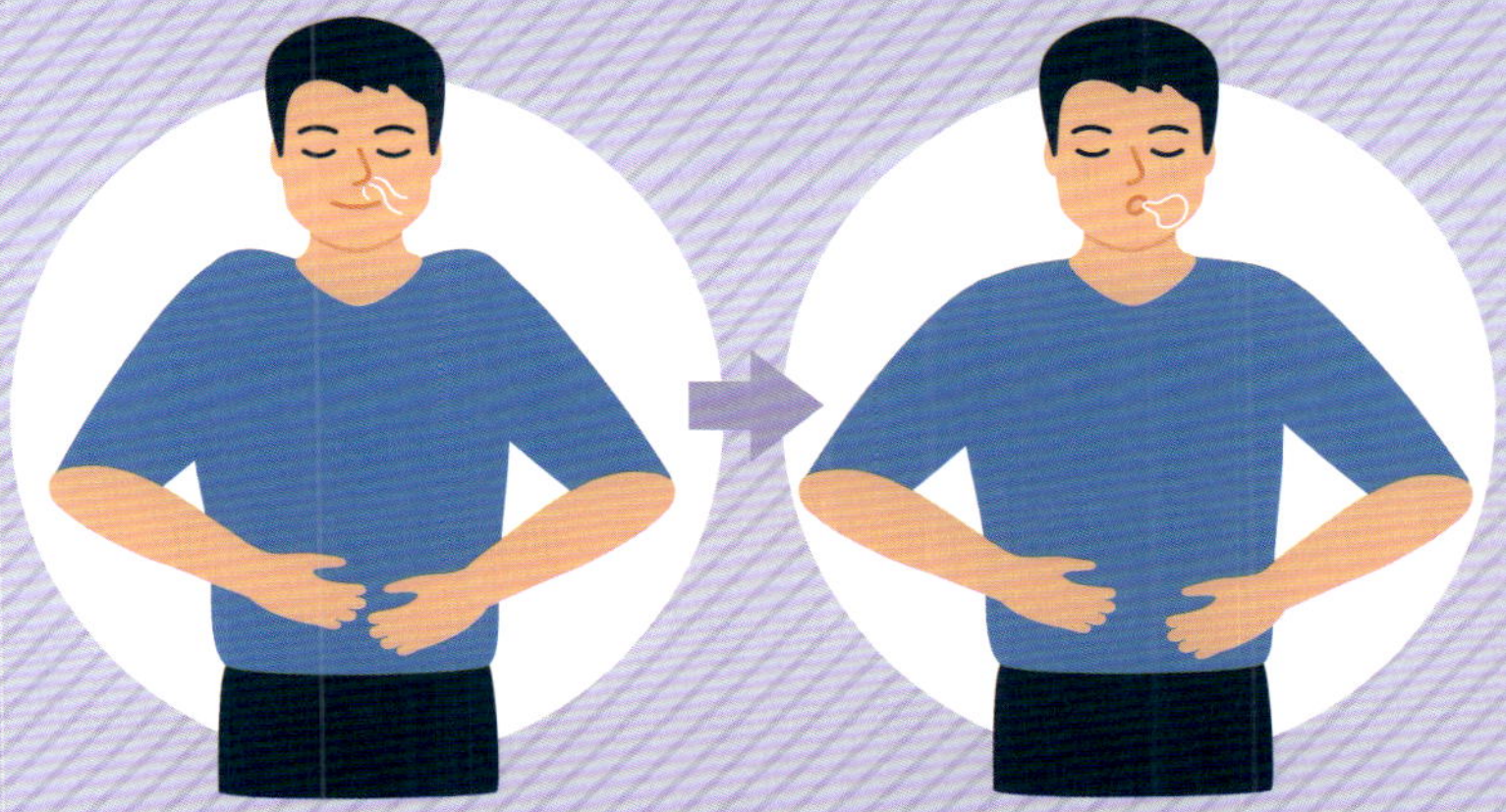

口を閉じ、鼻から吸い込んで口から吐く。まずはこの呼吸から始めてみよう

呼吸パターン

❶ 鼻呼吸 × 腹式呼吸 ＝ ◎
❷ 鼻呼吸 × 胸式呼吸 ＝ △
❸ 口呼吸 × 腹式呼吸 ＝ △
❹ 口呼吸 × 胸式呼吸 ＝ ×

POINT 呼吸法を変えれば、身体に軸ができる

サッカーに最適な呼吸パターンを獲得することで、身体の軸ができ、身体全体が強くなります。また足が速くなり、楽に動けるようになって持久力も増していきます。今は誤った呼吸法をしていても、トレーニングで正しい呼吸法に改善できるので、呼吸の見直しをオススメします。

呼吸のメカニズム②

デメリットだらけの口呼吸と胸式呼吸

口は呼吸をするための器官ではない

口呼吸と胸式呼吸のデメリット

口呼吸で多くの空気を取り入れることはできますが、深呼吸も鼻呼吸で行おう

家族や仲の良い友だちやチームメイトに、自分が寝ているときの状態をチェックしてもらってみてください。チェック内容は口を開けているか、閉じているか。実は口を開けたままの状態で寝ている人がとても多いのです。多くの選手たちが陥っている口呼吸は、サッカーをプレーする上ではデメリットだらけです。そもそも口は呼吸をするための器官ではありません。食べ物を食べるため、水を飲むための消化器官であり、話すための器官なのです。胸式呼吸も酸素を取り込む効率が悪いので、早く息切れし、結果的に疲れやすくなります。

口呼吸のデメリット

❶ 吸う量が多くなる→過呼吸になりやすい
❷ 喉が乾燥しやすい→風邪やアレルギー症状を発症する
❸ 力が抜ける→パワーが発揮できない

胸式呼吸のデメリット

❶ 肩が過剰に動く→力んでしまう
❷ 1回の呼吸が浅い→呼吸数が増え、過呼吸になりやすい
❸ 余計な筋肉を使う→疲れやすい

口呼吸の対処法

朝起きたとき、喉や口の中が乾燥した状態の人は寝ているときに口が開いている可能性が高く、要注意です。かんたんな対処法として、口テープをオススメします。口に貼るテープのキットで、寝ている際、口が開くのを防いでくれるので、自然と鼻呼吸に変わっていきます。口テープは薬局やドラッグストアなどで購入できます。厳密には口呼吸も胸式呼吸も完全に悪いわけではありませんが、サッカーをプレーする上では、鼻呼吸 × 腹式呼吸を意識しましょう。

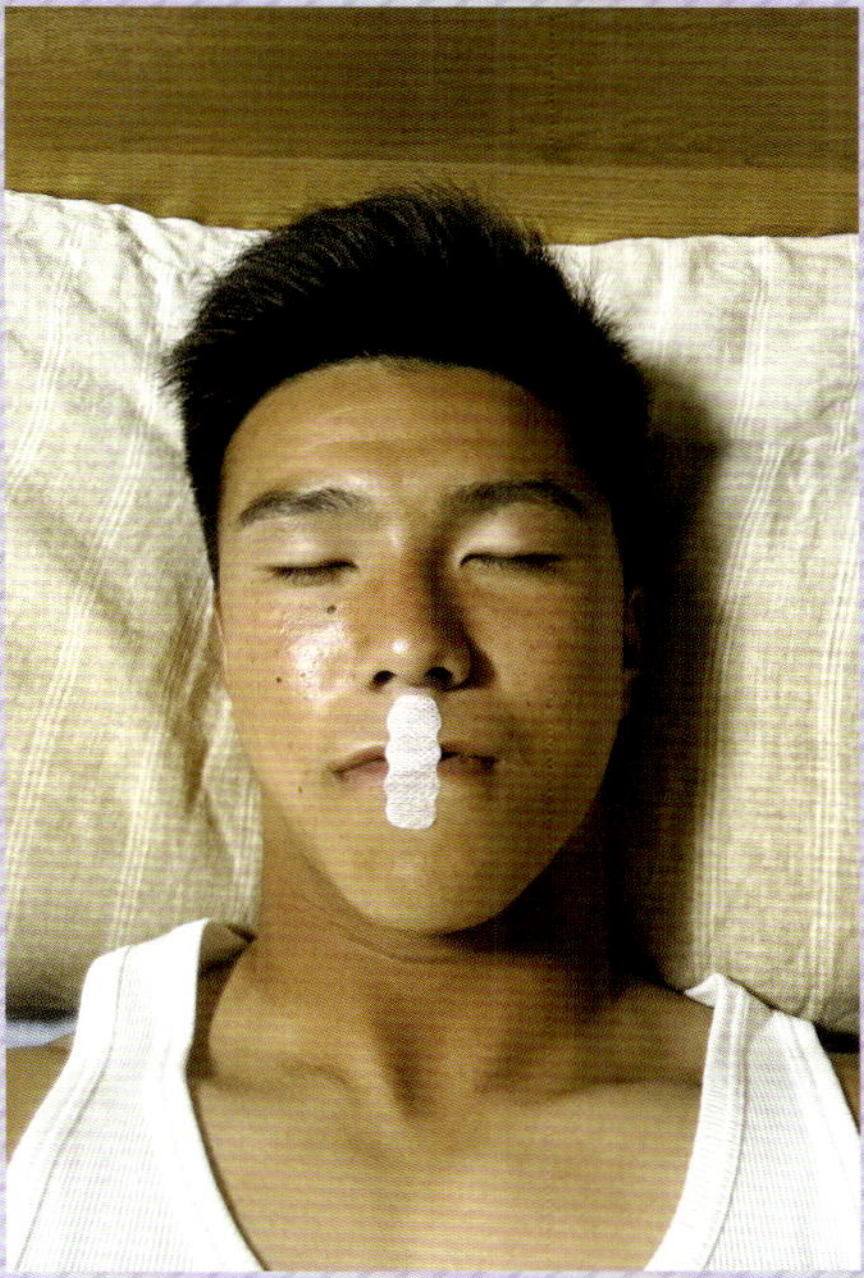

POINT あのハーランドも口テープ派だった

近年、プレミアリーグで得点王に輝くなど大活躍しているアーリング・ハーランド（マンチェスター・シティFC）は特に睡眠を重要視しており、睡眠時には口テープを貼って口呼吸を防いでいることで広く知られています。その影響で口テープを導入しているサッカー選手もかなり増えています。

メリットしかない鼻呼吸と腹式呼吸

ベストな呼吸の組み合わせで楽に走れるようになる

鼻呼吸のメリット

サッカー選手にとって鼻呼吸と腹式呼吸を組み合わせた呼吸パターンにはスピードアップや運動量アップなど、多くのメリットがあることを理解しましょう。

①舌を上あごにつけることで姿勢が良くなる

本来、舌は上あごについているのが正常の位置です。ただし、多くの人は無意識のうちに口が開き、舌が下がって上あごから離れているのが現状です。実際に試してみてほしいのですが、舌を下あごにつけたまま頭を前に出してみると楽に頭が前に出ますが、逆に舌を上あごにつけたまま頭を前に出すとやりづらさを感じると思います。口を閉じて鼻呼吸をすることで舌が正しい位置になり、姿勢も良くなります。

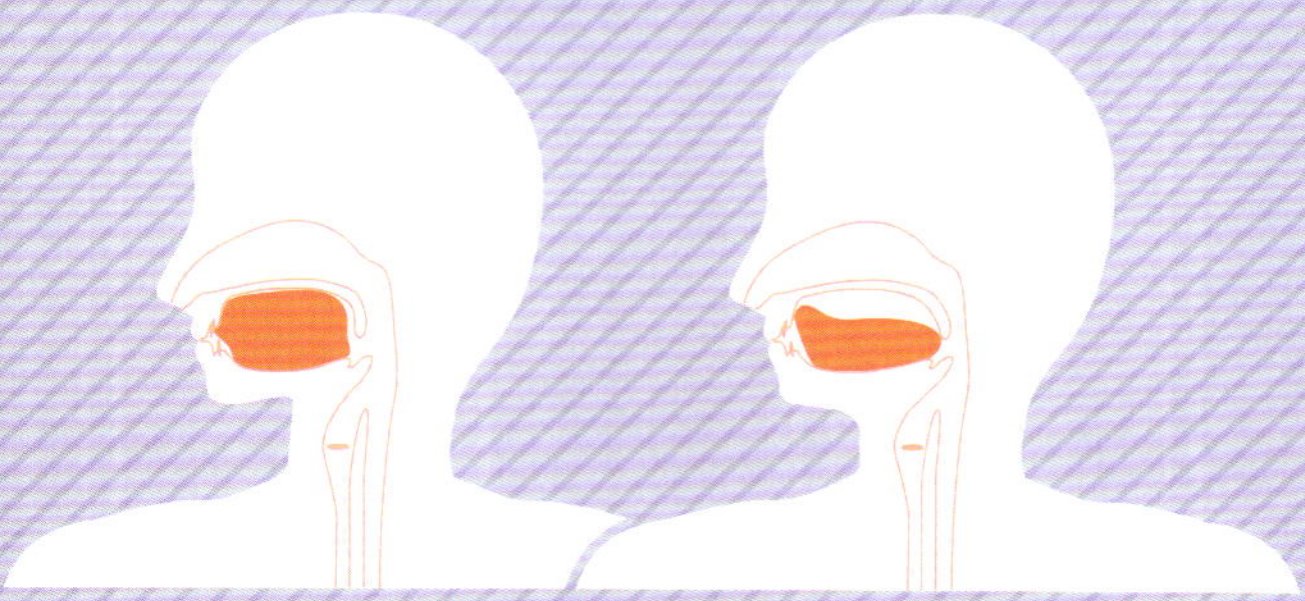

悪い舌の位置　　正しい舌の位置

②心拍数を整える

鼻呼吸は心拍数の調整をしてくれるので、息が上がったときには鼻呼吸のほうが呼吸が整いやすくなります。他にも鼻呼吸は免疫力の向上に役立つなど、身体に大事な役割を果たしてくれています。

③低酸素状態に慣れると楽に走れるようになる

口から吸うよりも鼻から吸うほうがはるかに吸う空気の量は減ります。当然、酸素の摂取量も減ってしまいます。ただ、そのような低酸素状態に慣れてくると、長距離も比較的楽に走れるようになります。近年、低酸素トレーニングもはやっていますが、これも低酸素状態に慣れることで、楽に走れるようにするためのものです。

腹式呼吸のメリット

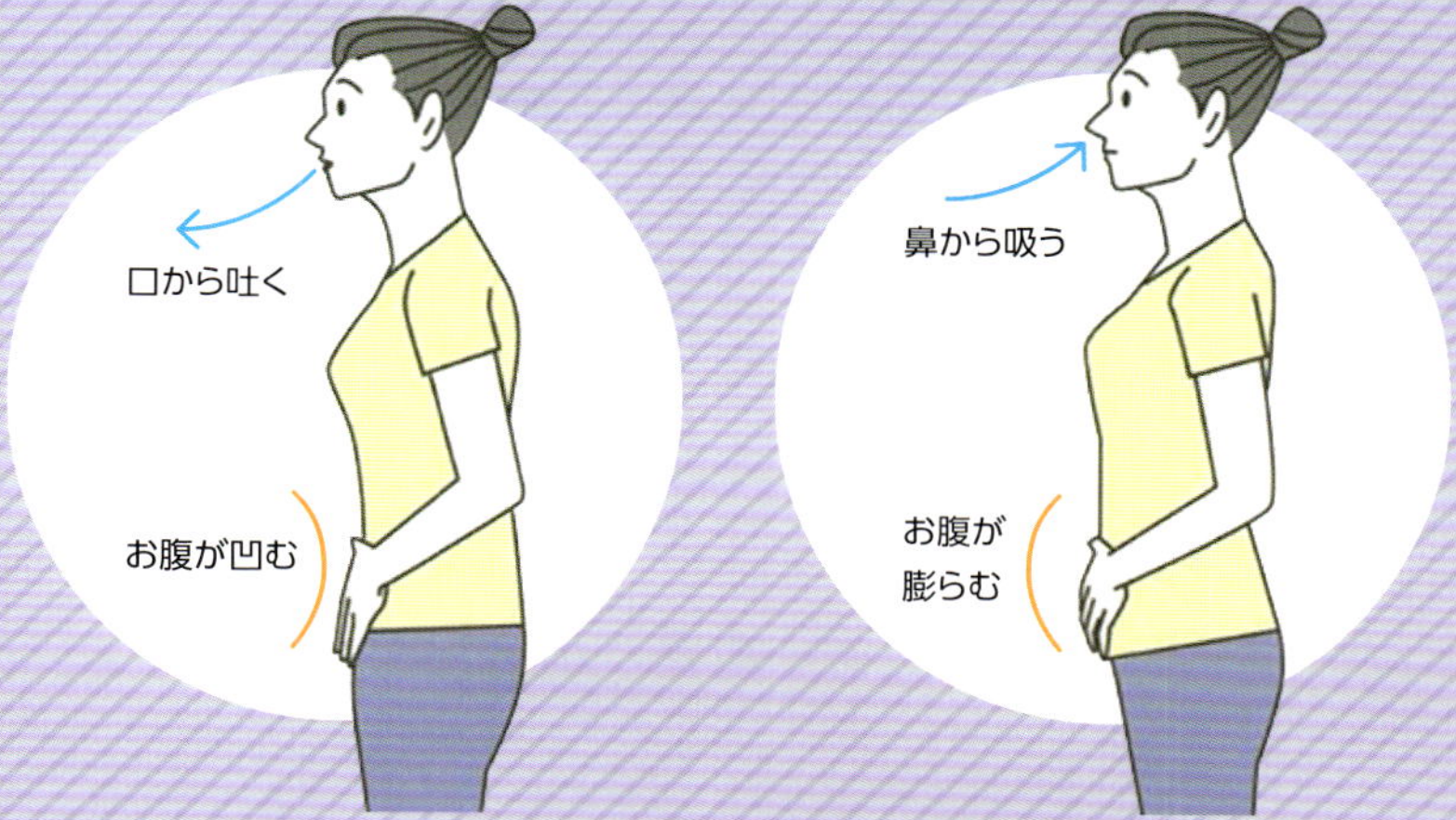

①腹圧が高まりやすくなる

身体の芯に軸ができ、お腹回りがボンと膨らんで、ずん胴になり、当たり負けしない身体の源になります。

②1回の呼吸が深くなる

胸式呼吸に比べ、呼吸は深くなります。酸素を多く、深くお腹に入れることで、各筋肉に酸素を多く運べるので、疲労感が軽減し、身体が重くなることを防ぎます。

③腸腰筋が使いやすくなる

横隔膜が活発に動いてくれるので、横隔膜に隣接した腸腰筋も使いやすくなり、より楽にお腹から歩けるようになります。

POINT 鼻呼吸と腹式呼吸のメリットを最大限に生かす

メリットをまとめると、鼻呼吸で頭が前に出づらくなるので姿勢が安定し、心拍数が調整されるので息が整いやすく、低酸素状態に慣れるので普段より楽に走れます。また腹式呼吸で身体の芯に軸ができるので当たり負けなくなり、腸腰筋が使えることで、お腹から歩きやすくなります。

呼吸と歩き方の密接な関係

腸腰筋と腹圧を理解し歩きや走りに生かす

歩き方を支える腸腰筋

大腰筋、小腰筋、腸骨筋の3つの筋肉の総称である腸腰筋は、背骨・腰骨の前側から骨盤の内側、太もものつけ根の内側に付着するように通っている筋肉です。上半身と下半身をつなぐ唯一の筋肉であるため、歩く際は脚やひざを持ち上げる重要な役割を果たしています。呼吸とも関係は深く、呼吸が浅くなると横隔膜の働きが低下し、腸腰筋の中の大腰筋の働きが鈍くなるため、歩き方にも悪い影響が及んでしまいます。

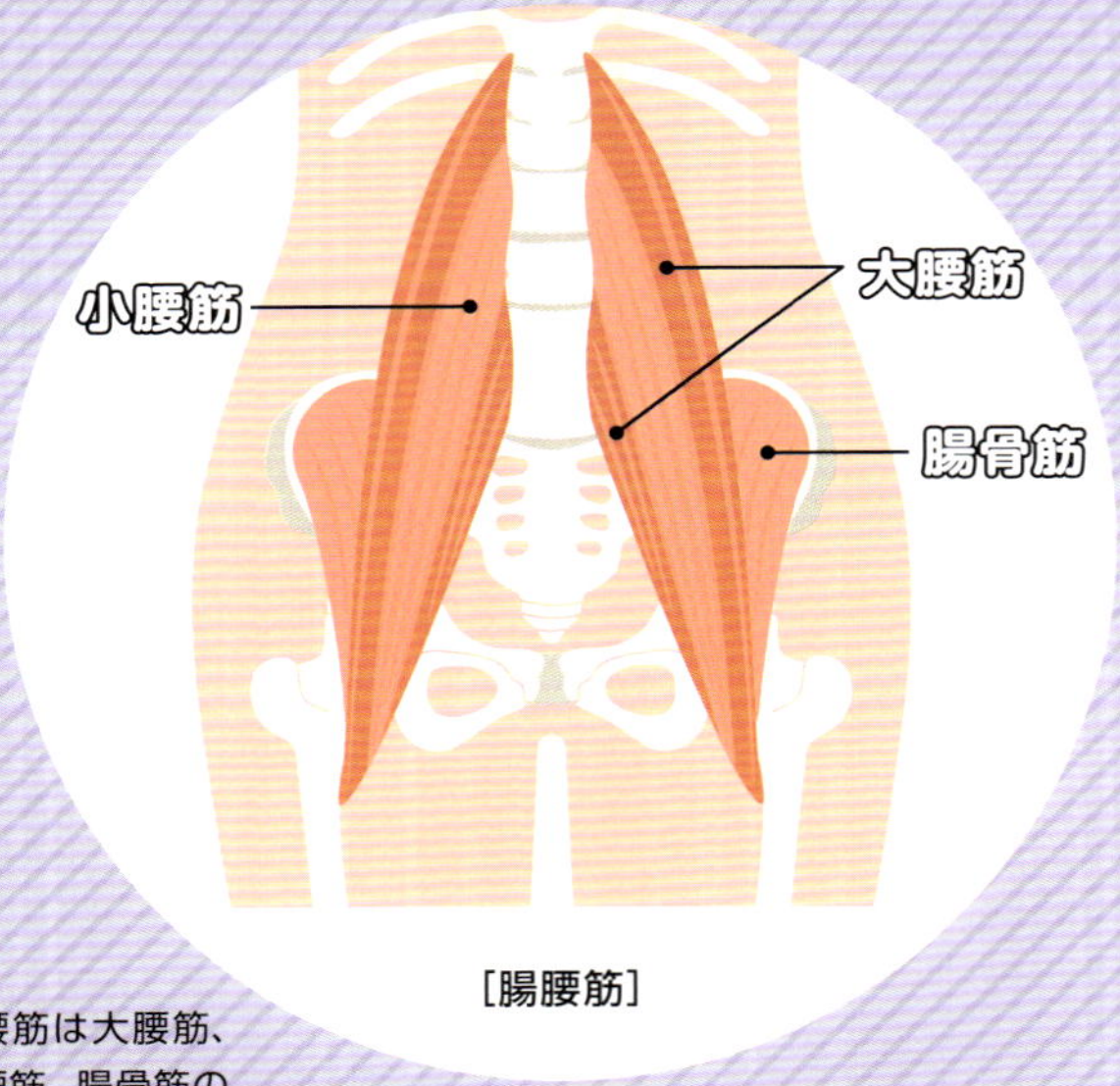

[腸腰筋]

腸腰筋は大腰筋、小腰筋、腸骨筋の3つの筋肉の総称

腸腰筋は上半身と下半身をつなぐ唯一の筋肉

腹圧を高めると足は速くなる

腹圧（腹腔内圧）とはお腹の中の圧力のことです。腹式呼吸などで腹圧を高めることができれば、身体の中心部を構成する体幹が安定します。体幹は手足がスムーズに動くための身体の土台でもあるので、安定することで良い姿勢を保つことができ、歩き方もよりスムーズになります。ただし急に腹圧が高まることはありません。腹式呼吸などのトレーニングを積み重ね、徐々に腹圧が高まってくるとお腹はボンと膨らんだ状態になります。海外のトップアスリートがユニフォームを脱ぐとお腹回りが分厚く膨らんでいるのは、腹圧が高い証拠なのです。

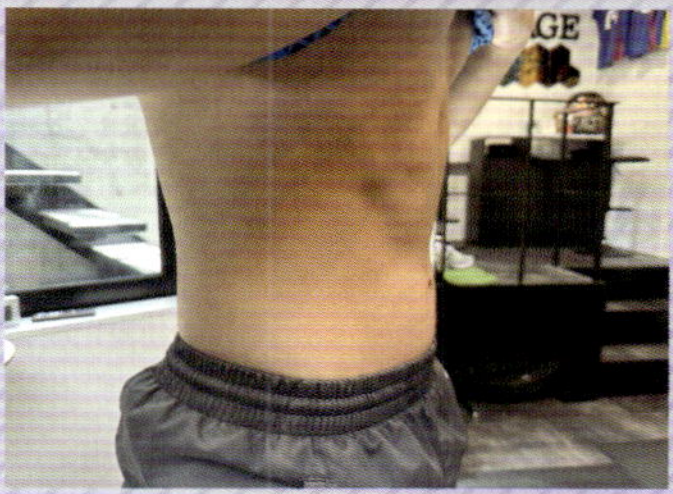

横から見て厚みがない胴体 ×

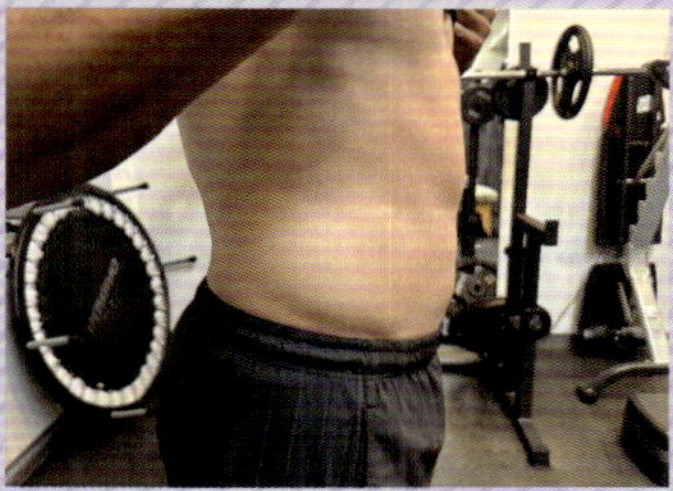

横から見て厚みのある胴体 ○

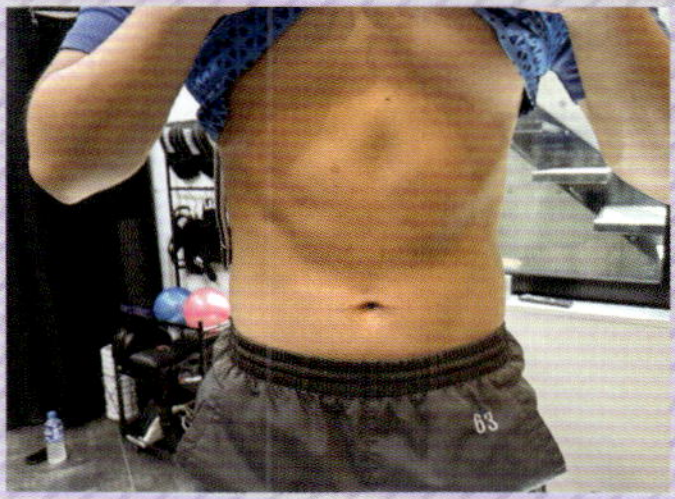

正面から見て、
腹筋は割れているが、
立体的ではない胴体 ×

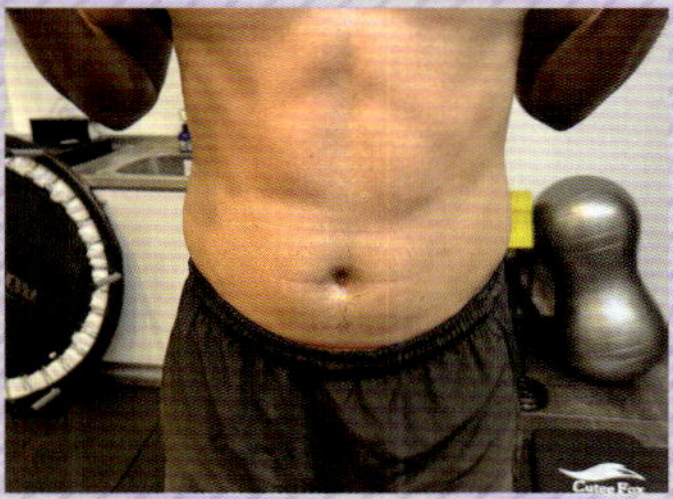

正面から見て、
腹筋が割れ、
かつ立体的な胴体 ○

POINT 継続的なトレーニングで腹圧を高める

私のスタジオに通っている選手の多くは、普段から鍛えているので腹筋は割れているのですが、厚みがないケースがほとんどです。ただ、継続的なトレーニングにより腹圧を高めることができます。今ではほとんどの選手のお腹が分厚い状態になっており、腹圧が高まっています。

呼吸法のトレーニング①

腹式呼吸を完全にマスターする

サッカー選手には最も効率的な呼吸法

鼻呼吸×腹式呼吸

鼻から空気を吸ってお腹を膨らませるのが腹式呼吸です。サッカーをプレーする上では最も効率的な呼吸法となります。写真のように仰向けになり、お腹の膨らみ具合を確認しながら、鼻呼吸から腹式呼吸を行ってみよう。

STEP 1

まずは鼻からたくさんの空気を
吸い込んでみよう

STEP 2

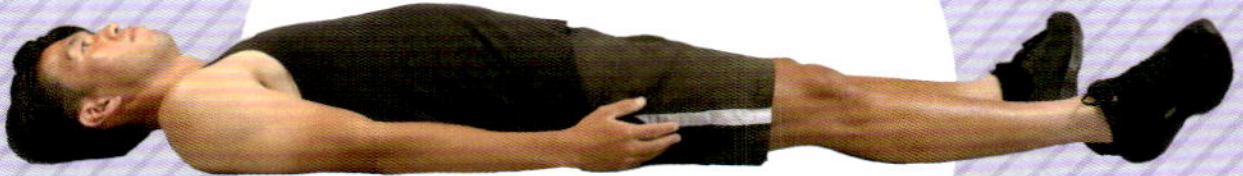

吸い込んだ空気で、
お腹を膨らませてみよう

×

お腹が膨らまず、胸のほうが膨らんでしまっています。これは胸式呼吸になっている状態です

横隔膜ストレッチ

横隔膜は胸の周りの骨格である胸郭の下のほうのろっ骨にドーム状についています。この横隔膜をストレッチで柔らかくすることで、呼吸が楽になり、お腹が膨らみやすくなります。1回の呼吸の質が上がり、楽に動けようにもなります。横隔膜ストレッチをやってから練習や試合に臨むことによって、いつもより走力アップが期待できます。

STEP 1

ろっ骨の下の部分、いわゆるみぞおちあたりに両手を置きます

STEP 2

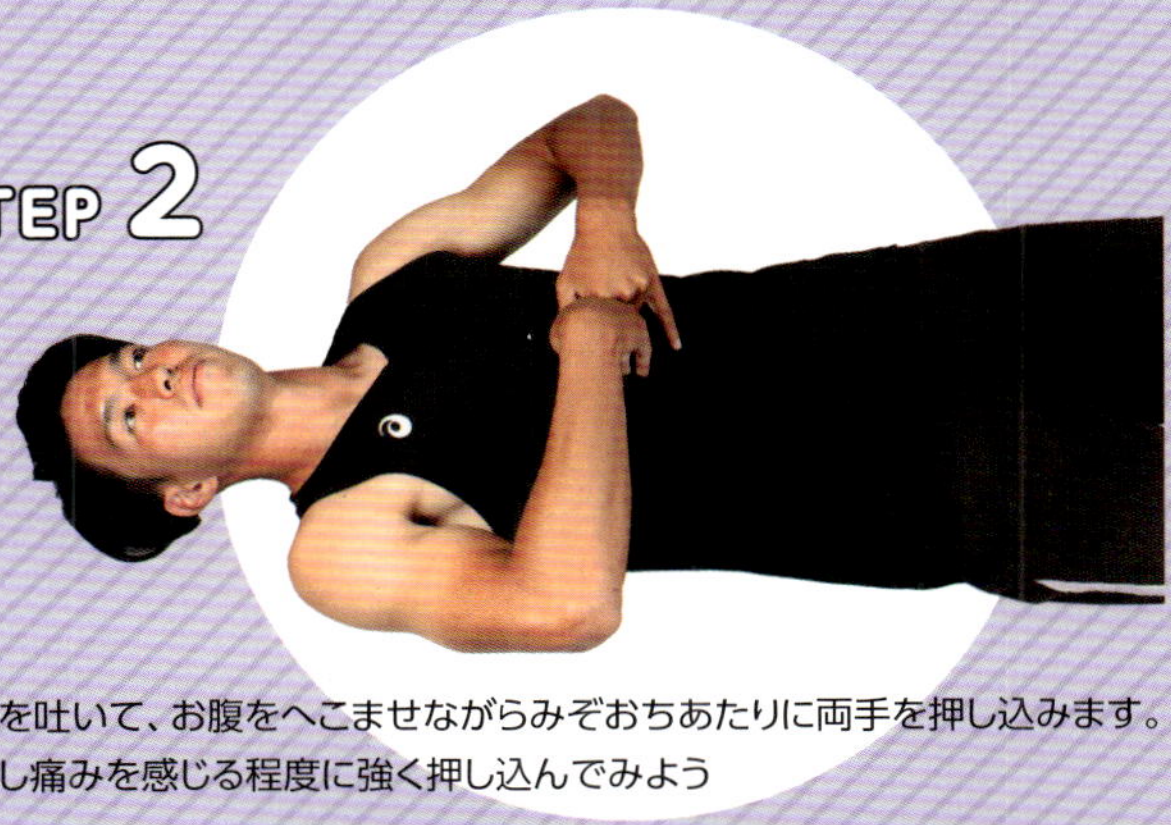

息を吐いて、お腹をへこませながらみぞおちあたりに両手を押し込みます。少し痛みを感じる程度に強く押し込んでみよう

POINT 起床時、就寝時に習慣化させる

呼吸法のトレーニングは、日中に特に時間を割いて行わなくても、毎日の起床時、あるいは就寝時に寝ながら全身のストレッチを行うような機会に併せて、ルーティンワークとしてやることで、より効率的にマスターできます。やるかやらないかはあなた次第ですが。

呼吸法のトレーニング②

ドローインと風船トレで鍛える

腹圧を徹底的に強化し、走力アップにつなげる

ドローイン

ドローインとは、息を少しずつ吐きながら、お腹をへこませる動きを何度も行い、お腹の筋肉を繰り返し収縮させることで腹圧を高め、腹横筋を鍛えるトレーニング方法です。

仰向けになり、片方の手を腰の下に入れて、その手を上から潰すような感覚で息を吐き、お腹をへこませる動作を何度も繰り返してみよう

仰向けになって寝たときに腰が浮いてしまっている状態はNGです。片方の手がすんなりと腰の下に入り込むような場合は反り腰になっている可能性が高く、腰のケガのリスクが高くなります

風船トレーニング

風船を使った腹圧を高めるためのトレーニングです。簡単そうに見えますが、かなり難度が高いエクササイズになります。私のスタジオに通ってくれている選手たちも最初はほとんどできませんでしたが、トレーニングを重ねた結果、今では難なくできるようになっています。

STEP 1

仰向けに寝て、風船をくわえた状態で、お腹を膨らませてみよう

STEP 2

風船を少しずつ膨らませてみよう。その際、お腹はへこませないようにしよう

×

風船は膨らんでいますが、お腹はへこんでいるのでNGです。風船を膨らませながらお腹も膨らんでくると腹圧がグッと高まり、長く習慣化していくことで、海外のトッププレーヤーのようにお腹回りが分厚くなります

POINT 腹圧の弱体化がスピード不足を招く

腹圧が弱まると身体を支える体幹が不安定になり、身体全体の姿勢も崩れやすくなってしまいます。プレー中も軸がブレてしまって身体を安定させることが難しくなり、腰痛を引き起こす要因にもなります。しかし、腹圧を高めることで、スピードが増して、より力強い走りができるようになります。

Players' voices

～選手たちの声～

呼吸について

息が上がりにくくなりました。それによってプレー中でも冷静になれる場面が増えたと思います。

MF 大久保智明／浦和レッズ

呼吸で腹圧を高めることによって、シンプルに当たり負けしなくなった。胴回りが安定するので、さまざまなプレーの中で、軸がブレずに動けるようになった感覚があります。

DF 青木駿人／徳島ヴォルティス

自然と腹圧をかけられるようになりました。

GK 鈴木将永／東海大学

呼吸が深くなり、より走れるようになった。腹圧を高めることで当たり負けが減ってきました。

MF 楠 大樹／テゲバジャーロ宮崎

腹圧が高まることで当たり負けが減ったり、身体のブレが少なくなってたりしいると思います。

DF 岡田 怜／FavAC1910／オーストリア

呼吸法のトレーニングは毎回、練習前と試合前にやっているので変化に気づきやすかった。お腹にしっかりと力が入るので、体幹が安定してパフォーマンス向上につながった。

MF 水多海斗／ビーレフェルト／ドイツ

激しい運動量のときでも呼吸を整えることでリラックスして試合に臨めるようになりました。

アラ 秋山大晟／フットサルスペイン2部

※2024年9月時点の所属名になります

見た目ではお腹回りが分厚くなりました。体幹がしっかりしてきたので、スクワットの重量が増えました。また、トレーニングをしたあとに腰が痛くなることがなくなりました。腹圧が入ることで正しく身体を使えるようになった証しなのかなと感じています。

GK 志賀一允／沖縄SV

お腹で呼吸するように意識することで、腹圧が高まって、より安定して動けるようになりました。

MF 山内日向汰／川崎フロンターレ

心拍数が上がっている状態でもすぐに元に戻せるようになった。Yo-Yoテストの数値も伸びました。

FW 三浦敏邦／拓殖大学

トレサージに通うようになるまで、呼吸について全く意識したことがなかった。トレサージで腹圧の入れ方、入れる意識を教わり、日常生活、筋トレ中、プレー中にできる範囲で腹式で呼吸するようになった。呼吸の仕方を1つ変えるだけで、簡単に当たり負けしない身体になり、一瞬のパワーが学ぶ前よりも格段に上がったと感じた。

DF 橋辺海智／東京国際大学

身体の安定感が増しました。

MF 吉岡優希／国士舘大学

お腹回りの筋肉に厚さが出てきました。空気を多く取り込めるので疲れが出にくくなり、当たり負けしないようになりました。

FW 北沢明未／日本体育大学女子サッカー部

腹圧が使えるようになった。

フィクソ 外林綾吾／バルドラール浦安

CHAPTER

06

疲れを
残さないための
かんたんボディケア

〜一人でもできるマッサージ=ボディケアで自分の身体と向き合う〜

練習前後や寝る前に行い、翌日に疲労を持ち越さない

　トレーニングの重要性はみなさんも十分に理解していると思いますが、マッサージ＝ボディケアの重要性は中学生や高校生の年代では意外と知られていない印象があります。理由は、「マッサージは自分一人ではできない」「マッサージを受ける習慣がない」「学生にはマッサージを受けるだけの（金銭的な）余裕がない」からだと言います。

　当たり前のことですが、練習や試合で激しく身体を動かすことによって生じた疲労は、早めにリセットする必要があります。100の疲労を残したまま翌日さらに100が上乗せされると200になりますよね。それが毎日のように積み重なるとどうなってしまうのか。疲労がどんどん身体にたまり、パフォーマンスの質は徐々に落ちていきます。その結果、思わぬケガの原因につながる場合もあります。

　自分では疲労がたまっていないと思っている選手からも、マッサージを受けた翌日、「身体が軽くなった」という声をよく聞きます。本格的なマッサージは自分ではできなくても、マッサージの代わりになるボディケアは誰にでもできます。この章で紹介するボディケアは身体をリセットする効果があり、練習前後に行うと翌日に疲労を持ち越さなくなります。

　トレーニングと同じくらいマッサージは重要だと私は考えています。この章で紹介しているマッサージの代わりになるボディケアは自分の身体と向き合い、目的を理解しながら行うことが大事です。私のスタジオに通っている選手たちも自分でボディケアを行ってもらっていますが、これらのボディケアを取り入れてからは翌日のパフォーマンスが上がったという報告を多く受けています。

練習前のオススメ3選

かんたん
ボディケア①
10回×2セット

股関節を柔らかくする

右脚の次は左脚でも同じ動作に挑戦しよう

STEP 1

右脚を前にして両脚を前後に大きく開いて、
前脚側のひじを地面につける。
後脚側の手のひらも地面につけ、
ひじを伸ばしてみよう

STEP 2

STEP1の体勢から、
前脚側のひじを地面から離して、
手先を見ながら大きく上のほうに
開きながら股関節を伸ばそう

前脚が外に大きく開きすぎてはいけません。
身体にそって開くようにしよう

外側に開きすぎない

後脚側のひじが曲がってはいけません。
できるだけまっすぐに伸ばしてみよう

ひじを曲げないようにしよう

前脚側のひじが地面から離れてはいけません。身体の硬い選手は最初はこれでもOKですが、少しずつ地面につけられるように心がけよう

ひじをできるだけ地面に近づけよう

POINT 硬くなった股関節はほぐさなければならない

長時間座っていたり、身体を動かす機会が少なくなったりすると股関節は硬くなります。練習に臨む前、股関節を十分にほぐすことで動きやすくなり、ケガの予防にもなります。

練習前の
オススメ3選

かんたん
ボディケア②
10回×2セット

身体の裏側を伸ばす

右側の次は左側でも挑戦しよう

STEP 1

まずは股関節を90度に開き、
同じように両方の膝関節も90度に曲げてみよう。
両脚を卍の片側の形にするのがこのストレッチの基本姿勢です

背筋をしっかりと伸ばそう
しっかりと90度に開こう
ひざが90度になるように曲げよう

STEP 2

前脚側の右手をまっすぐに伸ばして
地面につけよう

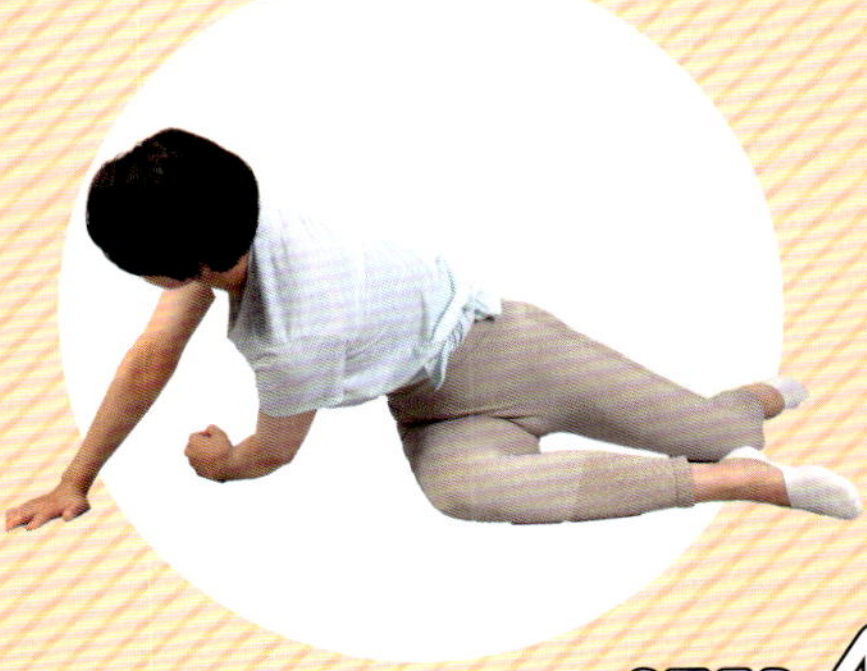

STEP 3

伸ばした右手と身体の間にできたすき間に
左手を入れよう

STEP 4

すき間に左手を入れ、
徐々に身体を倒して
肩を地面につけよう

×

身体の硬すぎる選手は写真のように
地面に肩をつけることができません。
毎日少しずつこの動作を行い、
地面に肩がつくように練習しよう

POINT 楽に基本姿勢が取れるようにしよう

身体の硬い選手は股関節、膝関節を90度に曲げる基本姿勢を取るのもキツいかもしれませんが、少しずつ身体を慣らして、このストレッチにチャンレンジしてみましょう。

練習前のオススメ3選

かんたん
ボディケア③
10回×2セット

背中と腸腰筋を伸ばす

右脚の次は左脚にも挑戦しよう

STEP 1

うつ伏せになって、
両手をT字形になるように
横に大きく広げよう

STEP 2

STEP1の状態から、
右脚をまっすぐ上のほうに
持ち上げよう

STEP 3

持ち上げた右脚をひねって、
両肩をつけたまま
できるだけ反対側の左手に
近づけるように持っていこう

✕

身体が硬すぎると
左手から右脚が離れすぎてしまうので要注意

✕

左手に右脚がついても、
写真のように右肩が上がっては効果的ではありません

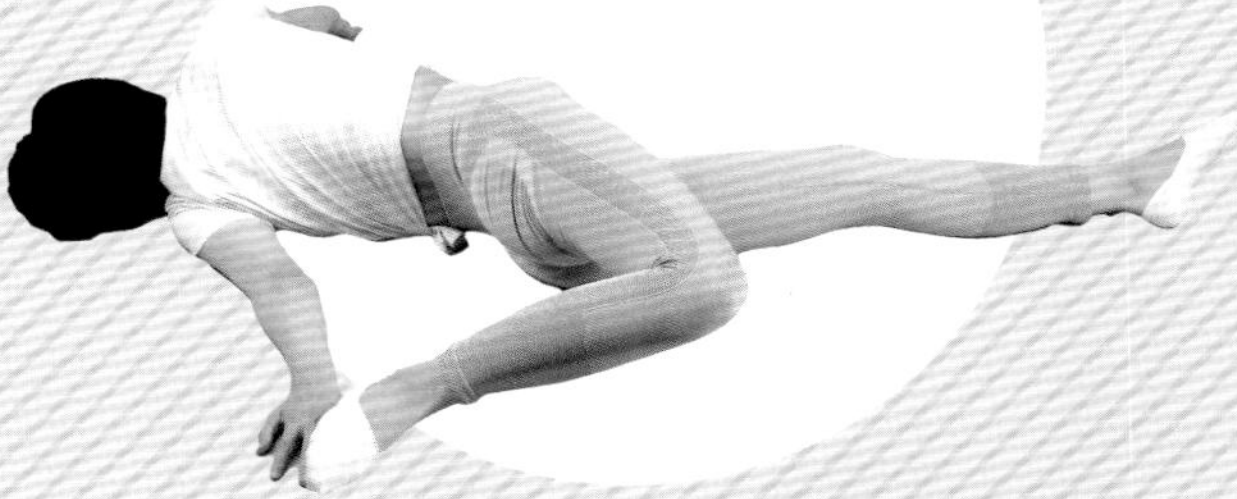

POINT 時間をかけてゆっくりとひねるようにしよう

難度の高いストレッチですが、ゆっくりと時間をかけ、少しずつ脚を持ち上げて、背中をひねるようにしよう。

同時に背中の奥にある腸腰筋を伸ばすイメージを思い浮かべながら脚を移動させよう。

練習後のオススメ4選

かんたんボディケア①
10回×2セット

脚全体をケアしよう

もも裏や股関節をブルブルさせる

もも裏ブルブル

STEP 1

片方の脚が身体の真横になるように大きく開こう

STEP 2

ひざをリズムよく上下にアップダウンさせせよう。
もう片方の脚も同様にやろう

股関節ブルブル

STEP 1

両脚を左右に90度ぐらいに
大きく開き、
足首を立てよう

STEP 2

立てた足首を
外側にゆっくりと
開くように
動かそう

STEP 3

次は逆に足首を
内側にゆっくりと
閉じるように
動かそう

POINT 脚全体をリラックスさせよう

練習で脚にたまった疲労を押し流すイメージで、もも裏ブルブルでは上下にブルブルと動かします。股関節ブルブルでは立てた足首を外に開き、内に閉じるようにします。できるだけ脚の力を抜いて、リラックスした状態で行うのがポイントです。

練習後のオススメ4選

かんたんボディケア②
10回×2セット

身体全体をケアしよう

ボールのようにゴロンと転がる

STEP 1

STEP 2

まずは基本姿勢は体育座り。次に背中を丸めた状態でうしろに倒れてみよう。さらに足が地面につかないようにして起き上がり、再びうしろに倒れてみよう。この動作を何度も何度も繰り返してみよう

STEP 3

STEP 4

POINT 身体全体をリラックスさせよう

練習でこわばった首筋、肩、背中、腰をほぐすイメージです。ボールになった気持ちでゴロンゴロンと転がって、身体全体をリラックスさせるようにしよう。

練習後のオススメ4選

かんたん
ボディケア③
10回×2セット

硬くなった背中をケアしよう

緊張をときほぐすように丸める

STEP 1

手とひざを地面につき
背中が地面と平行になるようにしよう

STEP 2

STEP1の状態から
少しずつ背中を丸めてみよう。
この動作を繰り返してみよう

POINT 背中の柔軟性を取り戻す

練習後や試合後は背中の緊張が高まっています。背中の緊張をほぐすためにも丸めることがとても大事です。背中の柔軟性を欠くと疲労が抜けず、パフォーマンスの低下を招く可能性があります。

練習後のオススメ4選

かんたんボディケア④
10回×2セット

足裏や足指をケアしよう

締めつけられた足を解放する

足裏を刺激

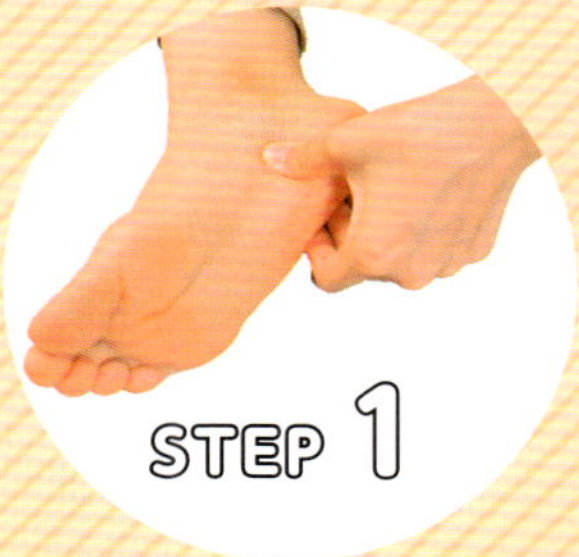

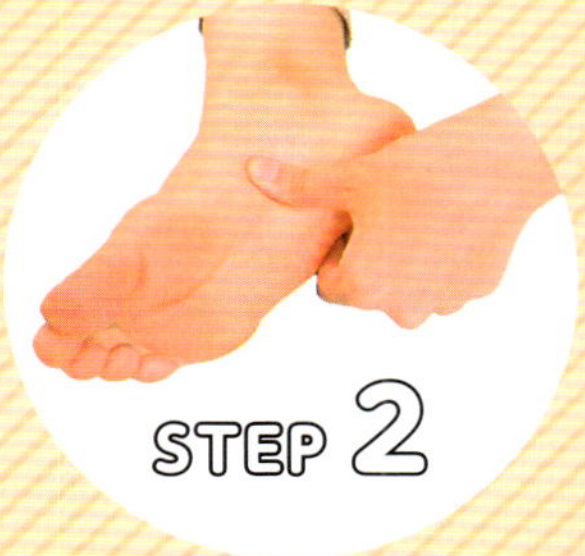

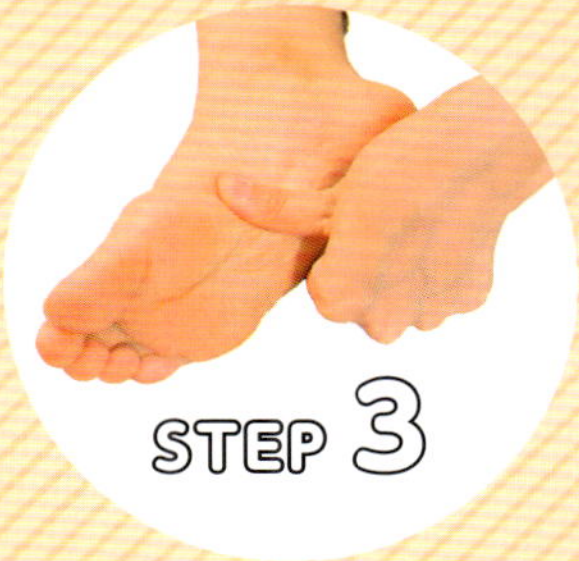

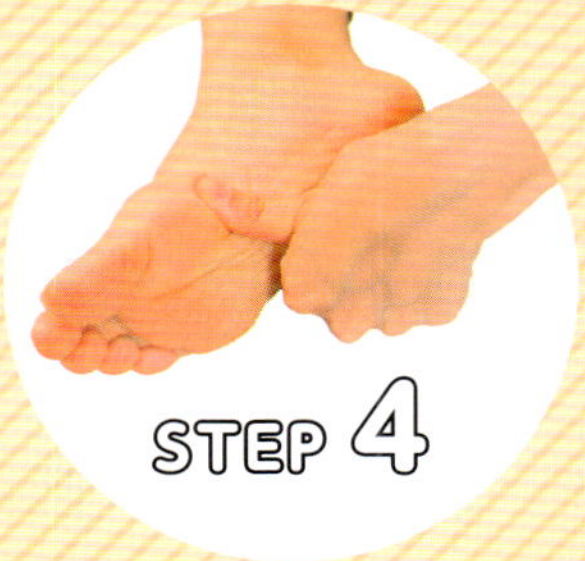

足の親指を外側に動かす筋肉（母趾《ぼし》外転筋）の筋幅上の4点をかかと側から親指側に向かってグッと押していきます。強めでOKです

足指を刺激

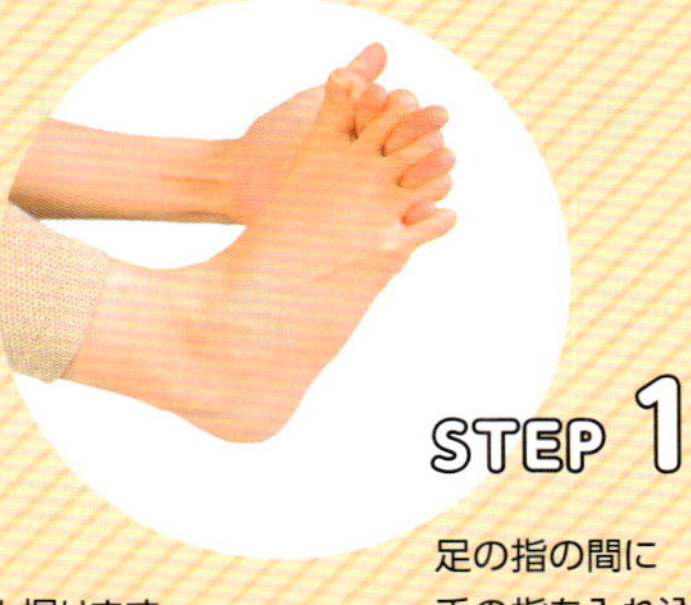

足の指の間に
手の指を入れ込みます

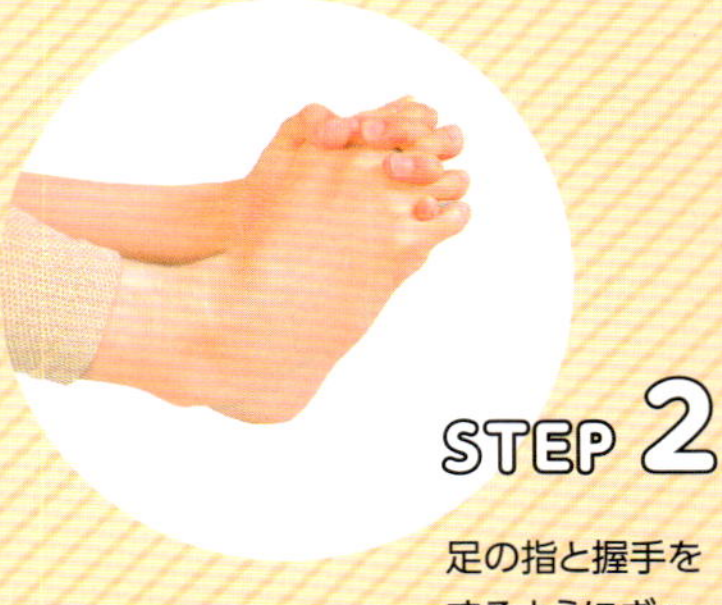

足の指と握手を
するようにぎゅっと握ります

POINT 指を使い、脚全体をリラックスさせよう

練習後、試合後はスパイクで締めつけられていた足をほぐしてあげる必要があります。足の裏を刺激すると一気に脚全体が楽になりますし、毎回足の指を解放してあげることでしっかりと足の指が機能し、使えるようになります。

Players' voices
～選手たちの声～
ボディケアについて

元々、ボディケアはあまりやっていなかったのですが、しっかりとストレッチをするようにして、マッサージガン等も取り入れるようにするなど意識が変わりました。練習前や試合前は教えられたストレッチに取り組んでいます。

DF 板倉健太／東京国際大学

日々のコンディションの波を減らせるようになった。

MF 楠 大樹／テゲバジャーロ宮崎

ボディケアに関して、教わったことを練習前に実践してから練習するようになって、疲れが軽減し、疲れる部位も変わった。

MF 大久保智明／浦和レッズ

瞬発的な動きやプレー動作において、スムーズに動けるようになってきている。

MF 山内日向汰／川崎フロンターレ

ボディケアへの意識を変えたことでケガが少なくなった。自分の身体を自分でケアすることによって、現状の身体のコンディションや筋肉の張り具合などをつねにチェックできるようになり、ケガをする前に気づくことができるようになったと感じている。

DF 青木駿人／徳島ヴォルティス

指導を受ける以前もいろいろなストレッチをしてきましたが、今は自分がやっていることが身体のどの部分に効果的なのかを意識しながら、ストレッチやボディケアをすることができるようになった。

MF 水多海斗／ビーレフェルト／ドイツ

身体に疲労がたまりにくくなりました。

GK 鈴木将永／東海大学

※2024年9月時点の所属名になります

トレサージに通うようになり、ストレッチやボディケアの意識が格段に変わり、成長速度が上がりました。

FW 三浦敏邦／拓殖大学

調子の良し悪しの振れ幅が小さくなりました。

MF 吉岡優希／国士舘大学

自分の中でトレサージに通う前からボディケアをしてきたつもりでしたが、取り組んできたものはほんのわずかしかなく、改めてストレッチやボディケアに取り組み直しました。自分の身体を知ることはとても大切だし、やり続けないといけないと感じています。

アラ 秋山大晟／フットサルスペイン2部

ボディケアをした翌日のコンディションが向上し、これまであった軽度の痛みも長く続かなくなりました。

FW 今村涼一／横河武蔵野FC

ケガのリスクが減っただけでなく、パフォーマンスが上がりました。

GK 原 幸大／桐蔭横浜大学

トレサージで教わったストレッチを練習前、試合前に取り組むようになり、股関節の可動域が今まで以上に広がるようになりました。

FW 北沢明未／日本体育大学女子サッカー部

トレサージに行き、自分でボディケアに取り組んだ結果、大きなケガをしなくなったことが一番の変化だと思います。トレーニング前の準備の部分や、トレーニング後のケアの部分をルーティン化し、自分の身体と向き合う時間が増えたことが、大きなケガが少なくなった要因だと思います。

DF 橋辺海智／東京国際大学

可動域が全体的に広がり、ケガをしにくい身体に変わりました。

フィクソ 外林綾吾／バルドラール浦安

COLUMN

戦うサッカーボディを作るヒント④

「瞑想」

心身を落ち着かせ、解放する魔法の時間

瞑想とは目を閉じて静かに考えることです。お寺で座禅を組むようなお堅いイメージを持たれる人もいるかもしれませんが、私のオススメする瞑想はごくごく簡単なもの。例えば、練習が終わったあと、グラウンドに寝転んで空を見上げ、ゆっくりと深呼吸しながらまぶたを閉じる、そんなイメージです。練習での自分のプレーを振り返ったり、監督、コーチから言われたことを思い出したりするのもいいでしょう。しかし、できるなら何も考えずに、ただひたすらリラックスした状態でボ～ッとしてみてほしい。しばらくの間、心と身体を落ち着かせ、休ませてあげてほしいのです。

瞑想は身体的には免疫力の改善や血圧の低下など、精神面においても不安の減少、ストレス耐性の向上など、さまざまな効能が実証されていますが、そんなことなど一切忘れて、心身を解放してほしいのです。瞑想ができるような環境であれば、グラウンドでなくても大丈夫。どこでもOKです。

現代はスマホ社会。練習が終わったら、部室に戻って真っ先にスマホをチェックする、そんな人も多いのではないでしょうか。私のスタジオに通っている選手からもそんな声をよく聞きます。だからこそ、私は瞑想を選手たちに強く勧めるようになりました。

もちろん、スマホが便利なのは承知しています。お財布代わりになるわけですから、生活する上でも大事なアイテムです。それでもやはりスマホばかりを見ていると、どうしても情報過多になりがちです。頭の中が雑多な情報であふれ、自分でも気づかないうちに脳が疲れてしまっています。そんな大忙しの頭の中をときには落ち着かせ、整理してあげましょう。そういう時間を作るためにも、瞑想はとても有効だと私は考えています。

脳が雑多な情報でいっぱいになり、疲れてしまっていては、瞬間的なプレーのアイデアもひらめきません。そのためにも頭の中に少しだけでも余白を作ってほしい。余裕を持ってほしいのです。だからこそ瞑想の時間は必要なのです。

何も練習後にこだわる必要はありません。練習前、試合前に瞑想を取り入れてみるのもいいでしょう。瞑想を勧めた選手たちからは、「落ち着いて試合に入ることができた」「集中力が高まった」などといった声をよく耳にしました。

私が理想とする瞑想タイムは10分ほどですが、初心者にはかなりハードルが高いと思います。意外と10分は長いですから。最初は2分ほどチャレンジしてみるのがよいでしょう。そこから徐々に時間を延ばしてみる。もちろん、キツいと思ったら途中でやめてもかまいません。すぐにまたチャレンジすればいいのです。ただし、時間はあくまでも目安に過ぎません。基本的には、あなたの心と身体がしっかりと落ち着けば、時間の長短などあまり関係はありません。

スペシャルインタビュー②

古澤ナベル慈宇

Naberu Yoshitaka FURUSAWA

（東京国際大学体育会サッカー部4年）

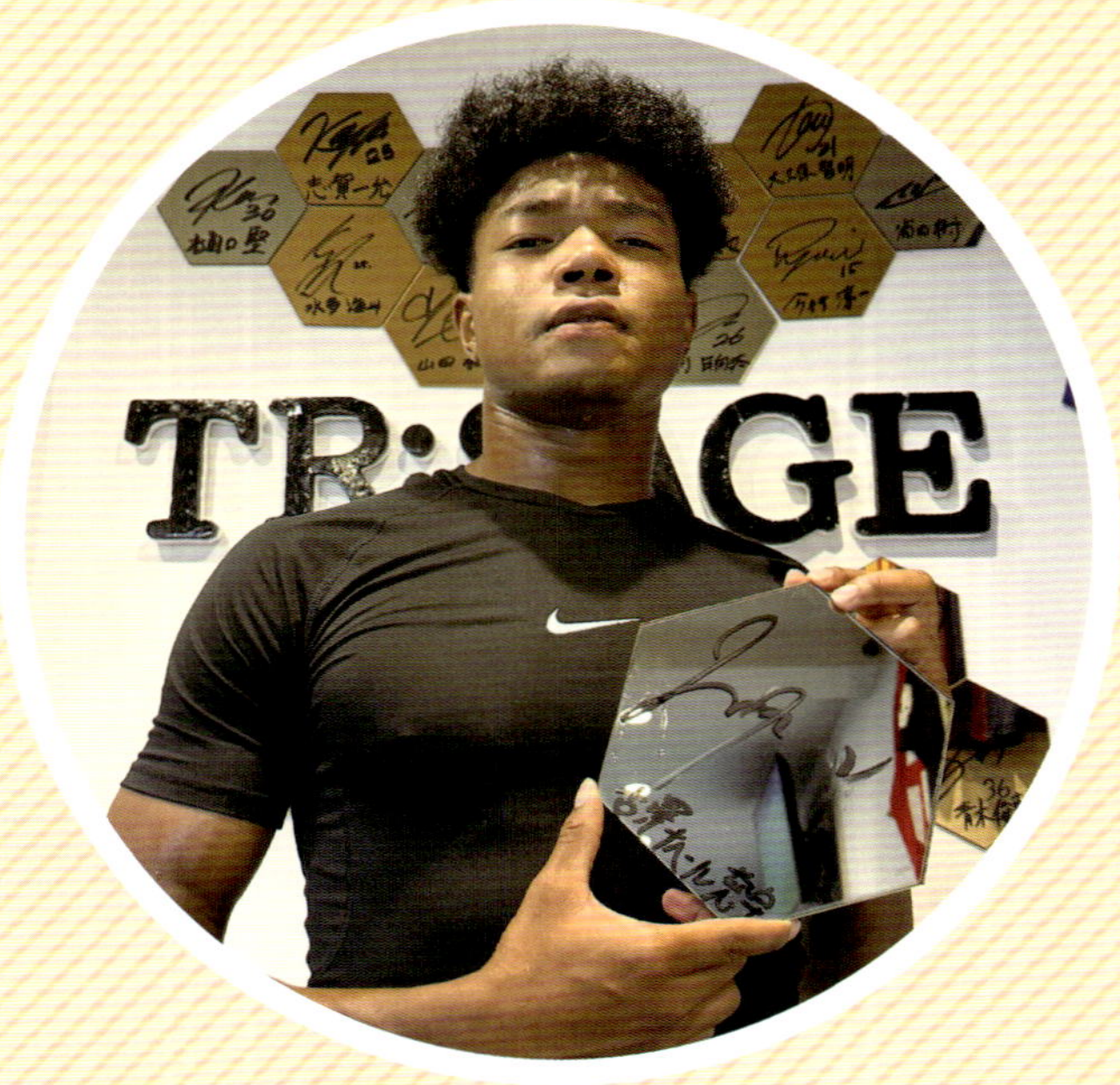

サッカーへの新たな取り組みが自分を変えた

伸び悩みを感じていた大学生FWは自分を変えたい一心で、
思い切ってトレサージのドアを叩いた。あれから2年。奥村トレーナーのもとで、
地道に続けてきたトレーニングの成果は柏レイソルへの新加入内定という形で実を結んだ。

東京・下町の中学から高校サッカー界では全国屈指の強豪である青森山田高校に進んだ。多くのプロ選手を送り出しているハイレベルな環境のもと、ハードな筋トレ、過酷な冬場の練習を重ね、フィジカルだけでなく、メンタルも鍛え上げた。高校3年になり、一度はレギュラーの座をつかんだもののケガの影響で冬の全国高校サッカー選手権大会はベンチ要員。勝ち進んだ決勝の舞台ではピッチに立つ夢がかなわず、悔し涙を流した。

　大学進学後も順風満帆《まんぱん》とはいかず、もがき苦しむ中、変わりたい一心で飛び込んだのがトレサージだった。フィジカルの変化とともに意識も少しずつ変わり、のちにJリーグクラブに加入する大学の先輩たちとしのぎを削りながら、プロをめざすことを決意。トレサージでのトレーニングが大きく変わるきっかけとなった。

自分の知らない知識を どん欲に吸収したい

大学2年の夏からトレサージに通い始めました。当時は伸び悩みを感じていた時期で、自分なりにさまざまなトレーニングを試していたのですが、それにも限界を感じるようになっていました。このままでは中途半端なサッカー選手で終わってしまう。そういった危機感にもさいなまれ、何か変わるきっかけが欲しくてトレサージの門をくぐりました。起爆剤になるような何かが欲しかったのです。

　トレサージでのパーソナルトレーニングは今まで経験したことのないアプローチばかりで、歩き方のセッションを初めて受けたときは正直、「果たしてこれで成長するのか」と半信半疑なところもありました。でも、身体やトレーニングに関して、自分の知らない知識をどん欲に吸収したいと考えていたし、初日から丁寧に教えてもらい、自分がこれからどのように変わっていくのか、とても興味が湧いたこともあって、週1のペースで通うようになりました。

　中でも歩き方には意識的に取り組みました。元々僕は猫背気味で、どうしてもプレー中にヘッドダウンしてしまうクセがあったのですが、歩き方のトレーニングを繰り返し、普段の生活から意識して歩くようになってから、姿勢が良くなって重心が高くなり、周りもよく見えるようになってきました。課題のひとつだったターンでもスムーズに動けるようになり、プレーの幅も広がったと思います。高校時代の同級生と大学のリーグ戦で対戦したとき、「高校のころよりも速くなっているぞ」と指摘してくれたり、「ナベルってこんなに速かったっけ」と驚かれたり、自分が思っている以上にスピードは上がったと思います。

　呼吸のトレーニングも、歩き方と同じように、これまでほとんど意識したことがなかったので、どのような効果を得られるのか、未知の部分もありましたが、長い間トレーニングを続けていくうちに、身体全体が疲れにくくなりました。特に腹圧を意識してトレーニングをするようになってからは、持久力も上がり、90分をフルで走り切れるようになりました。以前は全く持たなかったですから。

絶対に見返してやろうという強い思いがあった

　中学のときは細身でしたが、高校では筋トレが当たり前の環境だったので、自然と身体も大きくなって、フィジカルの基礎ができた3年間だったと思います。それでも自分の思うような活躍をすることができず、高3の冬の全国高校サッカー選手権決勝大会ではピッチに立てなかったし、本当に悔しくて、絶対に見返してやろうという強い思いで大学に進みました。

　大学でサッカー部に入部したものの、全員がプロをめざしているわけではないですし、個々の意識の違いもあって、当初は戸惑いもありましたが、上級生たちがうまくチームをまとめ、同じベクトルで戦うことができ、大学1年時は関東大学サッカー2部リーグで優勝。1部に昇格することができました。

　1部リーグで戦うようになった大学2年。初めてプロが視界に入るようになってきたものの、どんなに練習しても思うような結果が得られず、手応えをつかめない日々が続きました。このままではプロ選手にはなれない。そんな焦りを感じたころ、トレサージのトレーニングと出会ったわけです。そこで僕は大きく変わりました。

　今思えば、フィジカル面の変化以上に大きかったのが、サッカーへの取り組み方でした。1年生のころはけっこう時間を割いてやっていたアルバイトもすっぱり辞め、プライベートな時間も減らし、サッカーと向き合う時間を増やすように心がけました。奥村トレーナーから出された課題を自宅に持ち帰って、サボることなくきっちりとトレーニングをこなすようになっていましたし、サッカーに取り組む意識自体が大きく変わっていったように思います。明確にプロをめざすようになったのは、まさに2年生のこの時期。トレサージで教わったボディケアなども活用しながら、自分の身体をケアする時間も増えていきました。

　不思議なもので、そうやってサッカー中心の生活を送っていたら、どんど

アルバイトもすっぱり辞め、プライベートな時間も減らし、
サッカーと向き合う時間を増やすように心がけました

何でもかんでも足並みをそろえるのではなく、他の選手とは違うことにチャレンジしてみる

んと調子が上がっていき、少しずつ結果も出るようになってきました。Ｊリーグクラブからスカウトされている大学の先輩たちとの熾烈《しれつ》なポジション争いも大きな刺激になりましたし、リーグ戦では、Ｊリーグクラブに内定している他大学のセンターバックとマッチアップし、アシストやゴールを決めることができたことも密かな自信になり、自分自身の変化を身をもって感じ取れるようになってきました。

他の選手とは違うことにもチャレンジしてみる

大学4年の夏、柏レイソルより2025年シーズンからの新加入内定が発

古澤《ふるさわ》ナベル《なべる》慈宇《よしたか》
2003年3月28日生まれ。東京都出身。182センチ86キロ。PIONEIRO→クリアージュJrユース→青森山田高校→東京国際大学
Kenichi ARAI

表され、目標としていたプロの世界でプレーすることが決まりました。もちろんうれしかったですが、J1リーグでプレーするためには、自分のストロングポイントをもっと伸ばしていかなければなりません。強力な武器がなければ通用しない世界だと思っています。自分の武器はスピードですが、トレサージのトレーニングでさらに磨きをかけ、奥村トレーナーから出される難しいトレーニングの課題をかんたんにクリアするくらい身体操作がスムーズになり、何でもできるFWになっていきたいと思っています。

本書を手に取って読んでくれている学生のみなさんは、もっとうまくなりたいと思っている意識の高い人たちだと思います。そんなみなさんに僕がアドバイスするとすれば、みんなと一緒に練習することはもちろん大事ですが、何でもかんでも足並みをそろえるのではなく、他の選手とは違うことにもチャレンジしてみるということ。僕もトレサージのトレーニングで、大きく変わるきっかけをつかんだように、何か自分なりの新たな取り組みにチャレンジしてほしいと思います。

奥村トレーナーの声

私が初めて自分のスタジオを開設した初日に来てくれたのが古澤ナベル慈宇選手でした。それから2年間、週1回ペースで彼とはトレーニングを積んできました。大学での試合をずっと観ているわけではありませんが、対戦した他校の大学生たちから、「以前は普通のFWだったけど、最近はマジでやばい」といった声を次第に多く耳にするようになりました。また身体の裏側に筋肉がつき、全体的な筋肉のバランスが良くなって、トレサージでのトレーニングでも、難しいメニューをクリアできるようになっていました。

実は正直なところ、最初は長く続かないのではと心配していました。歩き方、呼吸の仕方といった地味なトレーニングは何かがいきなり劇的に変わるわけではないですし、効果も実感しにくいのですが、彼は根気よく続けてくれました。徐々に試合で結果が出るようになると意識も変わり、さらにトレーニングでも集中力が高まり、いいサイクルができ上がったのも真摯《しんし》に取り組む姿勢があったからでしょう。何よりも彼自身が続けることの大切さを実感していると思います。

Players' voices
～選手たちの声～
トレサージのトレーニングについて

ためには、ボールを使うトレーニングだけではなく、呼吸や歩き方、身体の使い方から見直し、自分の身体と向き合うことが大事だとわかりました。それからは自分でトレーニングを行うときも一つひとつのトレーニングの効果や意味を考えるようになり、より自分の身体に関心を持って過ごすことができています。

DF 岡田 怜
FavAC1910／オーストリア

理想的な身体の使い方に落とし込んで、ピッチ上でのプレーに変化が出たところが一番良かった点だと感じています。スクワットやジャンプの数値を機器で測定して具体的に説明してくれたり、奥村トレーナーが見て、どこが悪くて、どう改善すべきかを明確に伝えてくれたりするので理解しやすかったです。毎回のトレーニングでは、そのときの自分の課題に特化したメニューを組んでもらえるし、自分一人でも取り組めるメニューが多いので、自主トレ時に行うこともでき、その積み重ねが身体の使い方にも変化をもたらしていると感じています。

GK 志賀一允
沖縄SV

ジャンプ、瞬発力を今まで強化してきて、それが確実に成果や数値にあらわれるようになりました。また、ウエイトの数値もつねに上がり続けていて、それらを試合中にも実感できています。

DF 板倉健太
東京国際大学

自分に合ったトレーニングを組んでもらえますし、自分ではなかなか追い込むことができないようなところも厳しく見てもらい、全体的にレベルアップできました。

MF 楠 大樹
テゲバジャーロ宮崎

今までやっていたトレーニングとは違うアプローチが多いので、自分の身体の変化とは別に面白いと感じています。パフォーマンスは間違いなく上がってきているので、これからも継続してトレーニングを続けていきたいです。

MF 水多海斗
ビーレフェルト／ドイツ

トレーニングを受ける前までは、トレーニングメニューや身体の使い方などについて全く知識がありませんでした。でも教わるうより高いレベルでプレーをする

重心の位置が高く変わったことで、ドリブル中に相手に動きを読まれにくくなり、効率よく動けるようになりました。

MF 大久保智明
浦和レッズ

さまざまなトレーニングに取り組むことで、より幅広く成長することができ、自分の身体の可能性を広げられたような感覚になりました。

MF 山内日向汰
川崎フロンターレ

スプリントやジャンプ、フィジカルコンタクトや初速など、サッカーに必要な土台が大幅に成長しました。トレーニングを数値化して行うので、自分の成長や足りない部分を実感することができました。

DF 青木駿人
徳島ヴォルティス

※2024年9月時点の所属名になります

受けてから自分に足りないものがたくさんあることに気づかされ、それを改善することで、自分の身体の成長を実感していて、毎回わくわくしながらボールを蹴っています。これからも自分の身体に向き合い、成長し続けたいと思います。

アラ 秋山大晟
フットサルスペイン2部

トレーニングが身体のどこの部位に効き、その結果、どのような効果が出るのかを知る楽しさを学べました。すぐに結果に出なくても継続して積み重ねれば、必ず結果につながることを身に染みて感じています。そこがトレサージのトレーニングを受けて本当に良かった点です。

FW 北沢明未
日本体育大学女子サッカー部

をしっかり使えるようになりました。自分の身体が進化していくことをつねに感じたので、競技者だけでなく、幅広い世代の人たちにも体験してもらう価値があると思いました。

フィクソ 外林綾吾
バルドラール浦安

トレーニングを受けたことで身体の筋肉のつき方から変わって、明らかにパフォーマンスが上がりました。

FW 三浦敏邦
拓殖大学

自分の身体と向き合う時間が増え、動きが良くなり、新たな課題を見つけてトレーニングする楽しさを知りました。トレサージに行くまでは、何となくやっていた筋トレや体幹トレも、目的を持ち、何を意識してトレーニングするかを細かく考えて取り組めるようになったと思います。自分の今の状態を把握し、幅広い知識を得られたことが一番良かったと感じています。

DF 橋辺海智
東京国際大学

トレーニングを行ったあとは絶対に調子が上がるし、自分の可能性への期待が高まっていくのを感じました。

MF 吉岡優希
国士舘大学

元々姿勢が悪く、改善したいと思っていたけれど、なかなか改善の仕方がわかりませんでした。奥村トレーナーのトレーニングを

奥村トレーナーのトレーニングを受けたあと、今まで使ったことのない筋肉を使うことで、いろいろな箇所が筋肉痛になりましたが、それによって身体の変化を実感しました。自分が成長する上で、必要なトレーニングができるので、毎回のトレーニングで新たな発見があり、やっていてすごく面白いです。

GK 渥美拓也
横河武蔵野FC

効果がすぐに実感できる多種多様なトレーニングによって、いろいろな場面での身体の使い方を学ぶことができました。特に股関節のヒンジや仙骨から動くことの大事さを身をもって感じました。

GK 原 幸大
桐蔭横浜大学

良かった点は、能力と取り組む意識が上がっていることです。特に身体の強さとキレが良くなっています。毎回のトレーニングで、都度足りない部分が出てくるので、日常の練習も意識を高く持って行うことができています。シンプルに能力も意識も全く足りていなかったことに改めて気づかされました。

FW 今村涼一
横河武蔵野FC

自分の身体と向き合うことができ、弱い部分や足りない部分を補ったことがパフォーマンスアップにつながりました。足首や股関節のトレーニングにより、瞬発力が上がり、地面からの反発力

COLUMN

戦うサッカーボディを作るヒント⑤

「準備」

勝ち残るには準備が9割！

毎日のように練習開始直前にあわててやって来て、ほとんど準備らしい準備もせずトレーニングに参加し、レギュラーポジションをつかむだけでなく、試合でしっかりと活躍する選手がいます。そういう選手の存在を見たり聞いたりしていると、私はやや残念な気持ちになってしまいます。確かに試合では豪快なシュートを決めたり、鮮やかなスルーパスを出したり、果敢なタックルを見せ、ヒーローになれたかもしれない。けれども、もう少し準備に十分な時間をかけていたら、もう1段階、もう2段階、レベルアップできるかもしれない。そう思わずにいられないのです。

　そういう選手を大勢見てきました。能力の高い選手、才能を秘めた選手の中には、準備が不十分になりがちな選手がいます。なぜならば、準備しなくても十分にできてしまうから。すると、そういった状態が当たり前になって習慣化してしまう。と、どうなるか。気がつくと徐々に走れなくなり、以前のようなプレーが影を潜め、場合によっては思わぬケガを負ってしまうケースもあります。もちろん、他に理由はあるかもしれませんが、準備不足はやはりさまざまな問題を引き起こすと私は考えています。

想像してみてください。私たちが美味《おい》しい料理を食べられる人気レストランも、事前に多種多様な食材をそろえたり、調理するための下ごしらえを行ったり、十分な準備をしています。それらを怠ってしまったらどうなるか。どんなに腕のいい料理人でも、満足な料理をお客さんに提供できなくなってしまいます。

心技体。これはスポーツの世界では大事な要素としてよく使われる言葉です。大まかに英語に置き換えれば、心はメンタル、技はテクニック、体はフィジカルとなるでしょうか。私も仕事柄、これまで多くのトップ選手と接してきましたが、そのほとんどの選手がメンタルの重要性を力説してくれました。そして、安定したパフォーマンスを継続して発揮するためには、準備がどれだけ重要であるかも打ち明けてくれました。

プロサッカー選手は週末の試合に向けて、週の初めから準備します。そういったルーティンを一年中、繰り返しています。準備に準備を重ねた結果、試合に出場することができ、観客を沸かせるプレーを見せることができるのです。

勝ち残るためには準備が9割と書きましたが、準備を怠れば、多くのことを成し遂げることはできません。メンタル、テクニック、フィジカルの土台もしっかりとした準備なしには成立しません。みなさんもそのことを十分に理解してほしい。本書がその準備のための大きな役割を果たせることを願っています。

[著者紹介]

奥村雷騎（おくむら らいき）

1998年10月16日生まれ。東京都小平市出身。幼稚園からサッカーを始め、地元の小学校、中学校、高校でプレーを続け、高校時代にはプロを志してイングランドにサッカー留学。帰国後、左膝内側側副じん帯断裂、半月板損傷を負い引退する。高校卒業後は自分のようにケガをする選手を減らしたい思いから専門学校に進学し、柔道整復師の国家資格を取得。学生のかたわら、サッカー選手が多く通うトレーナーのもとで修業しながらフリーランスとしても活動。サッカーに特化した身体の使い方のメソッドを確立し、2022年8月に独立。東京・港区麻布十番に「トレサージ」を開業以降、現役Jリーガーを20名以上サポートし、毎年選手をプロの世界に送り出している。2024年はパリ五輪代表の平河 悠選手、山田楓喜選手をサポートした。同年5月には東京・目黒区中目黒に移転し、スポーツトレーナーとして精力的に活動している。

実践！ トレサージ式　戦うサッカーボディの作り方

2024年11月22日　第1刷発行
2025年 7 月24日　第2刷発行

著者	奥村雷騎
発行人	高橋 勉
発行所	株式会社 白秋社 〒102-0072　東京都千代田区飯田橋4-4-8 朝日ビル 電話　03-5357-1701 URL　https://www.hakusyusya.co.jp
発売元	株式会社 星雲社（共同出版社・流通責任出版社） 〒112-0005　東京都文京区水道1-3-30 電話　03-3868-3275 ／FAX　03-3868-6588
装丁／本文デザイン	保多琢也（Vamos Inc.）
編集協力	白坂隆三
撮影	花井智子
協力	三浦敏邦／石澤賢汰／奥村芽衣／今村涼一／板倉健太／古谷柊介
印刷・製本	株式会社 光邦
イラスト・写真	Shutterstock

Printed in Japan　ISBN　978-4-434-34749-8